ΑΚΕΛ
ΔΑΜΑ

51,00 €

Jörg Bremer

Israel und Palästina

Aufnahmen von
Dinu, Sandu und Radu Mendrea

Hirmer Verlag München

Dank

Die Photographen Dinu, Sandu und Radu Mendrea danken folgenden Personen und Institutionen, ohne deren Unterstützung ihre Arbeit nicht möglich gewesen wäre:

Palästinensisches Ministerium für Tourismus und Antiquitäten

Seine Eminenz, Metropolit Timothy von Jerusalem, vom Griechisch-Orthodoxen Patriarchat, und Chef-Dragoman Metropolit Hristodoulos

Seine Seligkeit, Tarkom Manougian, Patriarch des Armenisch-Orthodoxen Patriarchats von Jerusalem, und Seine Exzellenz, Erzbischof Sevan

Seine Exzellenz, Pater Emilio Barcena, ofm, Leiter des Christian Information Centre, und die Franziskaner-Patres

Verwaltung der Waqf und Islamischer Angelegenheiten, Al-Haram esh-Sharif, Jerusalem

Israelische Schutzbehörde für Nationalparks und Naturreservate

Israelischer Jugendherbergen-Verband

Sefi Hanegbi, Camel Riders – Shaharut, Israel

Jerusalem Wings Aviation and Tourism Services Ltd.

Tower of David Museum of the History of Jerusalem

Abbildung auf der Umschlagvorderseite:
Geisterdom und Felsendom auf dem Tempelberg in Jerusalem

Abbildung auf der Umschlagrückseite:
An der Klagemauer in Jerusalem

Vorsatz:
Die Heilige Stadt Jerusalem auf der Mosaikkarte von Madaba
aus dem 6. Jahrhundert

Die Deutsche Bibliothek – CIP-Einheitsaufnahme
Der Titeldatensatz für diese Publikation ist bei der Deutschen Bibliothek erhältlich.

Lektorat: Dr. Veronika Birbaumer
Gestaltung und Produktion: Joachim Wiesinger
Kartographie: Heike Boschmann, München
Satzbelichtung: Repro-Knopp, Inning/Ammersee
Farblithographie: Greineder Electronic Publishing, München
Druck und Bindung: Mladinska knjiga tiskarna d.d., Ljubljana
Printed and bound in Slovenia
ISBN 3-7774-8560-8

Inhalt

Die Bilder

Dieses Buch widme ich meinen Kindern
Johann-Philipp, Friedrich Konrad und Anna-Charlotte.

Blick von Süden auf Jerusalem (David Roberts, 1839)

Das Gelobte, Heilige und Selige Land

Das Heilige Land, das es zu beschreiben gilt, hat natürlich seine politischen Grenzen. Aber prägender sind die Landschaft, die relative Fruchtbarkeit des Nordens und die zunehmende Kargheit nach Süden hin. Wasserreichtum und Armut formen. Es gibt den Staat Israel, und es wächst ein palästinensischer unmittelbar daneben. Doch in bezug auf Geschichte und Kultur sind politische Grenzen wenig wichtig. Sie verengen den Blick auf die Gegenwart, wo doch mehr die Kontinuitäten der Historie prägen. Allemal sind die Grenzen mit »Israel« und »Palästina« eng gezogen. Zwischen Ägypten und Mittelasien, oder besser Türkei und Zweistromland, ist das Land nördlich des Sinai am östlichen Mittelmeer stets offene Landbrücke gewesen: Die Verschiedenheit der Einflüsse prägte die Entwicklung des Menschen, macht heute die Rückentwicklung des »Urkorns« aus nördlichen und südlichen Sorten möglich. Das Brückenland erlebte ungezählte politische Mächte und Kulturen; es lebt in drei Religionen. Heute erscheint Israel vieltausendfach geprägt bis zur Gesichtslosigkeit durch seine Einwanderer aus aller Welt, und Palästina ist im Umbruch von Tradition und Modernismus.

Wenig Platz für große Kulturgeschichte, sollte man meinen. Zwar sind dies Israel und Palästina klein, gerade dreißigtausend Quadratkilometer groß, und doch treffen sich in ihm mehr Klimazonen und Kulturen auf engstem Raum als in den meisten anderen Weltgegenden. Wo finden sich sonst so dicht beieinander ein Mittelmeer, ein Totes und ein Rotes Meer mit Unterschieden in Fauna und Flora? Die hohen Berge des Hermon im Norden tragen Schnee, wenn die Strände im Süden zum Bad locken. Die Küste hat das milde Klima des Mittelmeerraumes, auf die Höhen Judäas strahlen die Wüsten des Negev und Saudi-Arabiens ab. In Jericho am Jordan herrschen subtropische Einflüsse; während das Tote Meer, 400 Meter unter dem Meeresspiegel und trocken, ein Klima auszeichnet, das sich auf der Welt nicht noch einmal findet. Dieser Wandel allein schon schafft Reichtum an Kulturgeschichte, denn die Menschen, wo immer sie leben wollen, müssen sich anpassen. Diese Anpassung aber schafft sich ihre Kultur. Kargheit fördert Mobilität; an reichen Quellen aber läßt sich lange lagern, bauen und Landwirtschaft treiben.

Die Ebenen am Meer und die Täler nach Osten hin sind die Trassen der Krieger und Händler gewesen. Hier wurde der Wandel der Kultureinflüsse Kontinuität, während sich in den weniger zugänglichen Höhen des Bibellandes zwischen Dschenin und Hebron mit dem Judentum eine Religion entwickeln konnte, die sich später in Christentum und Islam weiterentwickelte. Aber auch schon das Judentum hat sein Erbgut in den Kulten der Länder an Nil und Euphrat.

Die Enge des Miteinanders macht das Land geradezu zum Sinnbild von Ideen und Formenreichtum und ist zugleich irdene Aufforderung zu Toleranz. Es scheint dabei, daß die dinglichen Reste der Vergangenheit und die greifbaren Produkte der Gegenwart hinter den geistigen und spirituellen – und mithin nicht anfaßbaren – Reichtum aus aller Zeit zurückfallen. Die Bibel ist das wichtigste Erbgut des

Brückenlandes; ihre visionäre oder »virtuelle« Wirklichkeit prägte stets stärker als die Historie selbst. Im Krieg der Kulturen – zwischen Ost und West, Seßhaftigkeit und Nomadentum, Fruchtbarkeit und Wüste – hielt sich jedes Menschenwerk schlechter als diese Idee. Die Diskrepanz aber zwischen der relativ unbedeutenden Geschichte des Brückenlandes und dem übermächtigen Einfluß der Bibelwirklichkeit ist immer wieder Ursache für Konflikte gewesen. Vermeintlich historische Ansprüche sollten mit Macht gewachsenen Kontinuitäten übergestülpt werden.
Das Brückenland opferte der Welt, gab Philosophien und Religionen, prägte Götterbilder und Kulturformen. Aber nie kam die Herzstadt dieses Landes, Jerusalem, dem Range von Babylon gleich oder Memphis, Rom oder Athen. Die zwei Staaten der Israeliten waren stets schwächer als die Nachbarn, in der längsten Zeit ihrer Geschichte fremd besetzt oder nur autonom. In der Regel waren Byzanz-Konstantinopel, Alexandria oder Antiochien vorrangig, in muslimischer Zeit Kairo, Damaskus oder Bagdad. Jerusalem wurde nur von den Juden und für einige Jahrzehnte von den Kreuzfahrern zur Hauptstadt gemacht. Im übrigen aber war und ist es für Juden, Christen und Muslime die spirituelle Grenzstadt des Lebens, bildet den Eingang zum Paradies und zum Ende der Menschheitsgeschichte.
Mithin sind die Bauten Israels und Palästinas noch mehr als anderswo auf der Welt vergänglich gewesen. Sinnbild dafür ist nicht der »arbeitende« heile Tempel von Jerusalem, sondern das Wehklagen seit seiner Zerstörung und die Sehnsüchte, ihn wieder zu erbauen. Die Ruinenwirklichkeit beflügelte seit Napoleons Wiederentdeckung des Orients die Romantik in Deutschland, die Literatur von Goethe bis Hauff, die Märchen von »Tausendundeiner Nacht« um den Kalifen Harun al-Raschid, dann die preußische Rückbesinnung auf das Königreich Davids, zuletzt den Zionismus der Juden.
Dabei muß man sich vor einseitigen Blicken hüten: Für das christlich geprägte Europa hat das vor allem geistig bestimmte »Heilige Land« eine andere »Funktion« als für Juden, die vom irdischen »Gelobten Land« sprechen, oder für Muslime, denen Jerusalem und das »Gesegnete Land« vor allem die Legitimität gibt, Juden- und Christentum beerben zu wollen.
In schnellen Sprüngen führt dies Buch durch die Zeiten. Verweilen läßt sich nur in Muße vor den Photographien. Diese Tafelbilder sind der Photographenfamilie Dinu, Sandu und Radu Mendrea zu danken. Das Buch soll anregen und manches vorgefaßte Urteil brechen. Es sind neuere Forschungsergebnisse aufgenommen, mit denen die Geschichte der Bibel abgehoben werden muß von der Historie des Bibellandes selbst. Archäologen, Historiker und Bibelforscher halfen dabei: Gunnar Lehmann, Michael Niemann, Christoph Markschies, Petra Heldt, Angelika Neuwirth, Kaspar Elm, Alex Carmel, Hanswulf Bloedhorn, Massimo Torrefranca von »Visions of the Land« und meinem Kollegen Ulrich Sahm sei herzlich gedankt.
Eine ausführliche Zeittafel soll den Rahmen abstecken und neben dem chronologischen Überblick eine Orientierung zwischen den historischen Ereignissen und dem durch die Bibel überlieferten Geschehen geben.

Erste Zeiten

Erste Menschen am Wasser

Wasser ist das Beste. So urteilte die israelische Zeitung »Haaretz« in einer Beilage zum Jahreswechsel 2000. Stets suchten Menschen die beste Erfindung, die beste Idee oder das beste Buch. »Für mich nur das Beste« sei ein Motto der letzten Jahrzehnte gewesen. Über jeden Zweifel erhaben sei im Nahen Osten »Wasser das Beste«. Nur Wüstennomaden könnten sagen, daß zwischen Mittelmeer und Jordan »Milch und Honig fließe«. Im Verhältnis zu Europa ist das Land karg und Wasser das Kostbarste.

Schon vor zwei Millionen Jahren, Europa und Asien lagen unter Eis, lebte ein aufrecht gehender und mit Werkzeugen arbeitender »homo habilis« im sanften Klima des Jordangrabens. Beim Kibbuz Gesher, in der geologischen 'Erq-al-Ahmar-Formation, stießen die deutsche Altsteinzeitforscherin Sabine Gaudzinski und der israelische Paläontologe Eitan Tschernow auf Hinweise dieses wohl ältesten »werktätigen Urmenschen« jenseits von Afrika. Das war 1999 eine Sensation. Bisher hieß es nämlich, erst der »homo erectus« sei vor 1,4 Millionen Jahren über das Horn von Afrika nach Norden gezogen. Belege für ihn fanden sich zahlreich in den Schichten der 1,4 Millionen Jahre alten 'Ubeidiya-Formation nahe 'Erq-al-Ahmar. Dieser jüngere »homo erectus« hatte ein größeres Gehirn als der »habilis«, was freilich wenig über seine Intelligenz aussagt. Menschenaffen haben ein größeres Gehirn als Menschen. Der »homo erectus« wandte andere Techniken mit seinen Steinen an als der ältere »homo habilis«, mit dem er übrigens nie Kontakt hatte. Dieser »neuere Mensch« aber breitete sich vom Brückenland weiter nach Eurasien aus. Er erreichte den milder gewordenen Teil Europas vor 600 000 Jahren.

Vor knapp 100 000 Jahren läßt sich der erste »homo sapiens« in der Höhle von Qafzeh bei Nazareth nachweisen, lange bevor diese Menschenform in anderen Regionen Eurasiens seßhaft wurde und – 85 000 Jahre später – die Höhle von Lascaux in Südfrankreich bemalte. Fachleute meinten, der frühe »homo sapiens« und sein Vorgänger, der Neandertaler, hätten Seite an Seite in »Israel« gelebt. Das aber war wohl nicht der Fall. Beide Menschenformen fanden sich in getrennten Schichten der Höhle von Tabun bei Haifa. Dabei ist unklar, ob der Neandertaler durch das »Hinausheiraten« verschwand, oder ob der »homo sapiens« ihn verdrängte, weil er – nach unserer Sicht – seine Umwelt »besser« beherrschte. Vor etwa 40 000 Jahren begann ein weiterer Auszug des »homo sapiens« aus Afrika. Jetzt breitete er sich schnell über das Brückenland hinweg in Eurasien aus. Letzte Neandertaler sind vor etwa 30 000 Jahren in der Levante nachzuweisen.

Die Altsteinzeitmenschen hinterließen Steinwerkzeuge und Tierknochen, meist Essensreste. Erst vor 14 000 Jahren setzte die allmähliche Entwicklung der »Jäger und Sammler« zu Ackerbauern und später auch zu Viehzüchtern ein, lange bevor Spuren der Seßhaftwerdung in Europa zu belegen sind. Der Mensch der Natufkultur – nach dem Wadi an-Natuf nordwestlich von Jerusalem – schnitzte aus Knochen Waffen, Nadeln und Schmuck, wie sich auch in Tabun, in Hayonim bei

Jericho (David Roberts, 1839)

Haifa oder im Huletal erwies. Er hatte Mörser und Stößel aus Stein und baute sich mit Baumwerk und Fellen erste Rundhäuser. Gewiß nutzten die Menschen auch früh schon Elfenbein und Holz, fertigten Tierfiguren und Götter, um Ernte- und Jagdglück zu beschwören. Jenseits von Afrika läßt sich wohl nur im Brückenland diese frühe Geschichte der Menschheit so deutlich nachweisen.

Seßhaft an den Quellen

Etwa 10 000 Jahre alt sind die frühesten Funde in Jericho, wo von jeher mehrere Quellen reichlich Wasser spenden. Sie lockten Jäger und Sammler, die sich dort zu Beginn der Menschheitsgeschichte niederließen. Allmählich wurden Familien zu Clans mit ihrem Häuptling und dann zu Stämmen mit ihren Ältesten an der Spitze. Sie bauten in der Jungsteinzeit, 4 000 Jahre vor den ersten Monumenten am Nil, eine Maueranlage mit einem Turm. Den grub die britische Archäologin Kathleen Kenyon in den sechziger Jahren auf dem Tell as-Sultan aus. Das ist ein künstlich gewachsener Hügel, der etwa vom 9. Jahrtausend vor bis rund 100 nach Christus in 25 nachgewiesenen Schichten immer wieder bebaut wurde. Drei Etagen ist der Turm aus den frühesten Schichten hoch, weder monumental noch schön. Er wurde aus unbehauenen, relativ kleinen Steinblöcken errichtet und erhielt zu ebener Erde einen Durchmesser von zehn Metern. Eine Wendeltreppe führt im Inneren über 22 Stufen zum Dach. Dicht davor steht aus nämlicher Zeit eine zwei Meter dicke und etliche Meter hohe Steinmauer. In der Mittleren Bronzezeit, wohl um 1800 v. Chr., wurde eine weitere Mauer gebaut, die die Quelle umschloß. 1999 stießen italienische Archäologen auf eine dritte, jüngere. Die Erklärung zur Historie dieser Mauern ist ein Beitrag zur Kulturgeschichte der gesamten Region im Brückenland. Das Schrumpfen oder Wachsen der Siedlungen hatte nicht nur örtliche Gründe; bisweilen war das gesamte Land betroffen: durch Erdbeben, Trockenheit, Krieg. Bisweilen zogen Nomaden raubschatzend durch die Region.

Das wohl älteste, neolithische Jericho – zwischen 8 000 und 4 500 v. Chr. gebaut – war vielleicht 1,5 Hektar groß und bot so knapp 500 Menschen Platz. Das frühbronzezeitliche (3300–2000 v. Chr.) Bauernstädtchen war nicht viel größer. Um 1550 v. Chr. trieben die Ägypter die asiatischen, wohl semitischen »Hyksos« vom Nildelta durch Palästina – auch über Jericho – nach Syrien zurück. Die Siedlung wurde zerstört und blieb viele Jahrzehnte verwaist. Seine alte Bedeutung erlangte der Ort danach nicht mehr. Die verbesserte Wasserversorgung ließ richtige Städte im Brückenland wachsen. Zwischen 6000 und 4000 hatte sich nämlich das Klima verändert. Die fruchtbare Senke am Jordan versteppte allmählich, die bisher unbewohnbar sumpfig-verseuchte Jesreel-Ebene wurde kultivierbar. Für die großen Reiche im Zweistromland und am Nil wurde die Via Maris an der Küste mit ihren Häfen wichtig und die Jesreel-Ebene nach Osten, von Akko (Tell al-Fuchar) nach Hazor und Bet Schean. Seit Thutmosis III. (1479–1426 v. Chr.) hatte Ägypten über Kanaan geherrscht. Nun versuchte Ramses II. (1279–1213 v. Chr.) nach seinem zweifelhaften Sieg bei Kadesch 1275/74 und seinem Vertrag mit den Hethitern Kanaan zurückzugewinnen. Sein Nachfolger Merenptah (1213–1204 v. Chr.) sicherte sich den Weg am Jordan nach Norden bis Megiddo und dehnte seine Herrschaft von der Küste über die Berge hinweg nach Osten aus. Er wollte die aufkommende Bewegung der neuen Völker, der Philister und auch der Israeliten kontrollieren. Doch kurz nach der Herrschaft von Ramses III. (1187–1156 v. Chr.) ging die letzte Phase ägyptischer Annexion zu Ende. Die kanaanitischen Städte wie Aschkelon und Aschdod – nun von Philistern regiert – warfen das Joch der Pharaonen ab. Die Formung neuer Nationen, der Kampf der Philisterstädte gegen die Israeliten begann. Die Jordansenke wurde zur »Nebenstraße« der Geschichte.

Vom Sammler zum Bauern und Nomaden

Jerichos Bedeutung liegt nicht in seinen Funden allein. Hier – wie an anderen Plätzen im Jordangraben, an denen bisher weniger gegraben wurde – läßt sich vielmehr nacherleben, wann und wie unsere Vorväter seßhaft wurden. Bei einer Quelle, die noch heute täglich 4500 Liter Wasser gibt, konnten die Menschen stets Nahrung finden. Frauen schnitten das Urgetreide und stellten fest, daß es dort wieder wuchs, wo Körner zu Boden gefallen waren. Warum sollte man noch mit

Weg ins Jordantal (David Roberts, 1839)

Familie und Hausgerät, Zelt und Vorrat weiterwandern? Allmählich wurden Sammler zu Ackerbauern. Sie zogen Tiere heran, die sie an der Quelle tränkten. Die Männer, die bisher für Wochen zur Jagd fern vom Lager lebten, konnten ihre Streifzüge verkürzen oder später fast ganz einstellen. Jahrhunderte vergingen freilich, bis die Frauen das Saatgut – mit festen und dicken Körnern – und die Männer Weidevieh gezüchtet hatten. Lange schon hielt sich der Mensch den Hund, viel später erst Huhn und Hahn. In weniger fruchtbaren Gegenden, östlich des Jordan und im Süden, verlegten sich die Bauern auf Viehzucht und wurden Nomaden. »Sammler und Jäger« starben aus. All dies beschreibt Ernst Axel Knauf in seinem Buch über »Die Umwelt des Alten Testaments«.

In Jericho ließen sich rund um das Jahr Felder- und Viehwirtschaft betreiben. Freilich mußte »das Beste«, das zu all dem unerläßliche Wasser, geschützt werden. Gleichwohl floß es nicht immer gut und reichlich. Die Bibel berichtet (2 Kg. 2, 19–22), wie der Prophet Elisa, der Nachfolger des Elia, das »ungesunde« Wasser der Stadt genießbar machte. Vielleicht haben die Bibelredakteure diese Geschichte aus Elisas Heimatort in der Nähe nach Jericho verlegt, um Jerichos Bedeutung für das israelitische Volk zu erhöhen. Sie hätte an jeder Quelle spielen können. Nach der Bibel sagten die Leute von Jericho zu Elisa: »Es ist gut wohnen in dieser Stadt, wie mein Herr sieht.« Was er sah? Bibelforscher wie Rudolf Smend meinen unangefochten, Elisa gehöre in die Zeit der israelitischen Könige im 9. Jahrhundert v. Chr. Damals war Jericho – nach Kriegen, Erdbeben oder Krankheiten verlassen und wieder aufgebaut – schon eine betagte Ackerbürgerstadt.

Eine Religion entsteht

Jericho war nicht mehr bedeutend. Aus den reichen Städtern der Frühen Bronzezeit waren Ackerbürger geworden, die dem König von Juda huldigten. Sie waren Teil eines jungen Staates mit einer Hierarchie, wo sich neben Herrschaft und Handel der »tertiäre Sektor«, die Verwaltung, ihren Platz im Gefüge eroberte. Die Leute von Jericho produzierten nicht nur für sich, sondern brachten ihren Überschuß in den Handel. Sie trieben in der Oase an der »Nebenstraße« zwischen Nord und Süd ihre Geschäfte mit Früchten, Getreide und Parfums, aber auch mit Salz und Schwefel aus dem Toten Meer. Ihre Hütten aus luftgetrockneten Lehmziegeln – ähnliche stehen dort noch heute – ließen das Steinhaus des Gouverneurs als Palast erscheinen. Bekümmert sahen die Menschen, wie ihre Lebensgrundlage verdarb: »Das dort ist böses Wasser; es macht unfruchtbar.« Elisa antwortete: »Bringt mir her eine neue Schale und tut Salz hinein.« Damit ging er zur Quelle hinaus und warf das Salz hinein: »So spricht der Herr. Ich habe das Wasser gesund gemacht; es soll hinfort weder Tod noch Unfruchtbarkeit von ihm ausgehen.« Die »Heilung« von Wasser ist ein bekanntes Motiv. Auch Moses machte auf dem Weg nach Kanaan das »bittere« Wasser von Mara wieder trinkbar (2 Mos. 15, 22–25). Er warf dafür ein Stück Holz, das Gott ihm gezeigt hatte, in die Quelle: »Da wurde das Wasser wieder süß.«

Die Sagen haben ihren plausiblen Hintergrund: Auch wasserreiche Quellen können versalzen. Es gibt beim syro-afrikanischen Graben viele salzige Strömungen im Boden. Beide Sagen sollten den Menschen zeigen, wie Gott seinen Helfern Wunderkraft verleihen kann, wenn sie in seinem Namen handeln. Wenn zudem Wasser göttliches Geschenk ist, dürfte die Quelle auch von altersher ein Kultplatz gewesen sein. Das bestätigen die Archäologen von Jericho. Vielleicht gab es dort schon 2000 Jahre vor dem Turm ein Quellheiligtum. Zwei durchbohrte Steinblöcke könnten darauf hindeuten. Jüngere Statuetten aus Ton gelten als Göttinnen

Das Tote Meer (David Roberts, 1839)

(Astarten); der Kult um sie sollte fruchtbar machen. Es fanden sich auch mit Gips überzogene Schädel, aber keine Hinweise auf einen Ahnenkult.
Der Monotheismus der Juden lehnte diese Kulte ab. Der Einfluß des abrahamidischen Gottes dehnte sich aber nur langsam und über Jahrhunderte hin aus. Gewiß holten sich die späteren Juden Anregungen aus den Nachbarkulturen, aus Babylon und aus Ägypten. Daß aber von dort der Sonnenkult des geächteten Pharaos Amenophis Echnaton (1353–1336 v. Chr.) nach Kanaan herübergewirkt haben soll, nehmen nur noch wenige Wissenschaftler an. Schon Abrahams Eingott am Anfang der Patriarchensagen war eine Fortentwicklung. Zunächst hatte auch Jahwe eine Frau und Mitgöttin, wohl auch Kinder als Zeugen ihrer Fruchtbarkeit. Dann entwickelte sich eine Dreigottheit. Abraham empfing noch die »drei Männer« oder Engel und entbot ihnen seine Gastfreundschaft (1 Mos. 18, 2). Auch noch in den jüdischen Königreichen Israel und Juda gab es die alten oder auch ortsfremden Kulte und stets auch andere Tempel neben dem von Jerusalem.

Von Göttern zu Gott

Die einen glaubten schon an Elohim oder Jahwe. Die anderen trugen weiter vollbusige Göttinnen mit sich und beteten El an oder Baal. Manche zählten sich zu beiden Lagern. Erst ganz zum Schluß hieß es: »Ich bin der Herr, dein Gott. Du sollst keine anderen Götter neben mir haben!« Diese Forderung schließt die Ausformung Jahwes in der menschlichen Vorstellung nach vielen Jahrhunderten ab. Die Sage Elisas gehört in die lange Phase des Übergangs. In Jericho schwankte man wohl zwischen den Religionen: Hatten vielleicht zornige Götter das Wasser vergiftet? Konnte Elisas Gott die Quelle heilen? Das Wasserwunder von Jericho wird seine Bürger zu Verehrern des eines Gottes gemacht haben. Dieser Gott, so lehrte die Sage weiter, hob Gegensätze auf und heilte auf ewig. Salz machte in Elisas Händen versalzenes Wasser wieder süß, so wie trockenes Holz in den Händen des Gottesboten Moses das Wasser von Mara wieder gesunden ließ.
Je spärlicher Wasser fließt, desto mühsamer war seine Gewinnung. Als Jericho schon vier Jahrtausende alt war, lebten während dieser Kupfersteinzeit im Negev –

zwischen 4000 und 3000 v. Chr. – die Menschen als Ackerbauern und Nomaden. Die einen wohnten wohl in Rundhäusern, die anderen fanden unter Zelten Schatten. Im Sommer zogen die Nomaden vom Süden in den Norden des Negev zum Tal beim heutigen Beerschewa, zu den Städtern und Bauern. Daß auch Wasserplätze »wandern«, zeigen Geschichten der Bibel wie die von Abraham. So einen Typus gab es immer, in der neolithischen Jungsteinzeit genauso wie zur Eisenzeit vor 3000 Jahren. Der amerikanische Archäologe William Albright setzt den »Wanderer und Kaufmann« Abraham in die Mittlere Bronzezeit, 2000 v. Chr. Eine mündliche Überlieferung tradierte wohl ältere Sagen und bündelte sie in einer Person. Erst mit der Gefangenschaft der Israeliten in Babylon im 6. Jahrhundert v. Chr. dürfte Abraham durch die Bibelredaktion seine heutige – auch nicht eindeutige – Gestalt erhalten haben.

Ein Irrtum der Bibelredaktion

Die Nomaden der Zeit, in der sich die Sagen der »Patriarchen« Abraham, Isaak und Jakob entwickelten, lebten vornehmlich im Süden Palästinas. Jakob weilte zwar später im Raum von Sichem, aber zunächst jenseits des Jordan, und so auch in einem Randgebiet der großen Reiche. Sie waren selten Herren stets fruchtbarer Gegenden. Züge zum Getreide an die »Fleischtöpfe Ägyptens« wie im Zyklus um Jakobs Sohn Joseph gehören in diesen Kontext. Im Sommer, wenn der Winterregen versiegt war, mußten sich diese Nomaden mit dem Herrscher vergleichen, um an seinem Wasser teilhaben zu können. So könnte man es sich vorstellen. Bei Beerschewa regierte – der Bibel nach – »Abimelech, Stadtfürst von Gerar« »im Philisterland« (1 Mos. 21, 22ff; 32). Widersprüche fallen auf. Zur Zeit der Patriarchen gab es noch keine Philister. Die breiteten sich erst in der frühen Eisenzeit von 1200 v. Chr. an aus, parallel zur Formung von Israel und Juda. Das Gebiet um Beerschewa fiel erst damals an die Philister. Die Bibelredaktion hatte mithin eine ihr zeitlich nähere Landkarte vor Augen und nicht die ferne Kupferstein- oder Bronzezeit, in die sie die Patriarchensagen einbettete. Nach Itamar Singer hat die Geschichte einen Philister-Hintergrund, an dem die Bibelredakteure kaum interessiert waren. Der Philisterkönig Abimelech habe vermutlich einen Pakt mit einem israelitischen Stamm gesucht, um durch ihn sein Gebiet gegen das Volk der nachdringenden Cherethiter abzugrenzen. Hier nahm wohl ein Philisterkönig Israeliten unter seine Kontrolle – wie der mittelalterliche König in Europa eine (Grenz-) Mark –, um sein Land mit Hilfe dieser »Fremden« vor Feinden zu schützen.

Nach der Bibel lagerten in Abimelechs Gebiet Abrahams Leute als »Fremdlinge« mit Zelt und Mann. Für den ansässigen Stadtbauern-König, der über ein paar Dutzend Soldaten verfügte, war dieser Patriarch mit seinem »einen Gott« ein wundersamer Mann. Mit ihm wollte sich der König trotz seiner »Armee« nicht anlegen, suggeriert die Bibel und erklärt, wie ein Ungläubiger in den Bannstrahl Abrahams geraten kann, weil dieser gottgläubig handelt. Das ist der theologische Aspekt, der die Bibelredaktion in Babylon interessierte. Abraham war ein Nomadenhäuptling; er hatte Vieh und war so für den Städter ein Tauschpartner. Für das Wasser konnte Abraham Schaf und Ziege bieten. Einmal nahmen die Knechte Abimelechs den Hirten Abrahams einen Brunnen. Abraham eilte zum König. Der behauptete, seine Leute hätten ihn gegraben; der Brunnen gehöre dem König. Abrahams Hirten aber hielten dagegen, sie hätten den alten Brunnen nutzbar gemacht. Der Streit wurde mit einem der typischen Wasserverträge jener Zeit beigelegt: Abraham gab dem König ohne Aufforderung Schafe und Rinder und stellte zudem sieben Lämmer zur Seite, womit er sich wohl unter des Königs Schutz stellte.

Zugleich – und das paßt weniger zum Kontext als zum Konzept der Redaktion – erwarb Abraham für die sieben Lämmer diesen Brunnen. Abrahams Sohn Isaak erneuerte später Brunnen und Vertrag mit einem Schwur (1 Mos. 26, 25ff). Beerschewa erhielt nach dieser Geschichte seinen Namen »Schwurbrunnen«. Die Bibel spricht gerne von Käufen, wenn sie einen »Besitz auf alle Zeit« festlegen möchte. So konkretisierten die Bibelredaktoren in Babylon – Jahrhunderte nach dem sagenhaften Geschehen – ein Ereignis und lieferten die historische Begründung für einen Machtanspruch ihrer eigenen Zeit. Der Kauf sollte wohl deutlich machen, daß nach der Babylonischen Gefangenschaft auch Beerschewa Teil der vom Perserkönig Kyros nach 539 v. Chr. gestifteten neuen Autonomie Judäas zu sein habe, schreibt der Bibelforscher Rudolf Smend. Gewiß gab es eine israelitische Tradition um Hebron. Doch Abrahams Kauf von Machpela, der Grabhöhle für seine Frau Sarah, wurde wohl redaktionell nachgeschoben, um zu beweisen, daß Hebron zu Judäa zu gehören habe, wiewohl es in der Zeit der Babylonischen Gefangenschaft von den Edomitern besetzt worden war. Auf ewig gekauft wurde auch der Tempelberg – die Tenne des Arauna – durch König David. (2 Sam 24, 21).

Die Abrahamsage in Beerschewa ist ohne archäologischen Beleg. Keramik der Mittleren Bronzezeit (2000–1550 v. Chr.), der wahrscheinlichsten Zeit für einen Abraham, wurde nicht gefunden. Immerhin ließen sich auf dem Tell Abu Mattar nahe Beerschewa kupfersteinzeitliche Rundhäuser aus dem 4. Jahrtausend v. Chr. finden, etwa vier Meter im Durchmesser. Ihr Wasser verwahrten die Nomaden mit anderen Vorräten in kühlen, oval in den Felsen gehauenen Höhlen. Es fanden sich aus dieser Zeit Figurinen aus Elfenbein und Knochen; diese wiesen Löcher auf, in die vielleicht Haare gesteckt wurden; wahrscheinlich waren es Götterbilder. Bedeutend sind die Funde auf dem »Tell es-Seba«, wo eine eisenzeitliche – in Israel israelitisch genannte – Siedlung ausgegraben wurde, ein nach dem 10. Jahrhundert planmäßig angelegter runder Ort. Sie war wohl eine der Grenzstädte des judäischen Königreiches. Der deutsche Archäologe Volkmar Fritz wies nach, daß es sich hierbei um das Ziklag gehandelt haben muß, das König David als philistäischer Vasall erhalten hatte und später Juda einverleibte.

Im Zentrum hat wahrscheinlich ein Altar gestanden, mit vier Hörnern an jeder Seite. Vor dem großen Stadttor fand sich ein Brunnen. Er wird gerne mit Abraham in Verbindung gebracht, stammt aber wohl aus dem 10. Jahrhundert und ist so »jünger« als die Abrahamsage. Während in Jericho die sprudelnde Quelle das Wasser an den Tag bringt, mußten die Menschen im Negev vor 3000 Jahren fünf bis zehn Meter tief den Felsen durchbohren, um an einen unterirdischen Wasserlauf zu gelangen. Immerhin stieg das Wasser im Frühling, wenn das Beerschewa-Wadi für einige Wochen das Wasser des Winterregens sammelte. Dann ließ sich auch an der üppigen Vegetation erahnen, wo sich ein Bohren lohnen würde. Und fiel der Winterregen auf das Wadi, ein paarmal zwischen November und April, dann hielten künstliche Dämme das Wasser bei der Stadt. Einige Wasserzuläufe in diese Dammsysteme sind nachweisbar.

Heute fallen in Beerschewa nicht viel mehr als 150 Millimeter Regen im Jahr. Vor drei Jahrtausenden dürfte es mehr gewesen sein. Doch wenn der Regenfall sich um 20 Prozent verringerte, hat Zeev Herzog festgestellt, dann führte das schon zur Entvölkerung. So blieb die Gegend zuweilen für Jahrhunderte unbesiedelt. Selbst bei hohem Aufwand reichten die Quellen nur für je einige hundert Menschen. In Beerschewa gewannen sie auf mehrere Arten ihr Wasser. Innerhalb der Stadtmauern gab es ein Wasserreservoir, das man über einige Stufen hinab erreichen konnte. Das Regenwasser wurde auf den Dächern gesammelt, im Haus genutzt oder in

Pilgerlager bei Jericho (David Roberts, 1839)

Kanäle unter den Straßen abgeführt zu einer Zisterne. Beim »Brunnen vor dem Tor« ging ein Tier immer wieder im Kreis um den Schaft und zog an einem Tau festgebundene Eimer voller Wasser hinauf, das dann in Becken gekippt wurde.

Die Braut vom Brunnen holen

Der Brunnen und das Wasser kommen in der Bibel immer wieder vor und bezeugen seine Kostbarkeit. Mit Wasser erweist man dem Fremden seine Gastfreundschaft. Mit Wasser wäscht man zum Zeichen seiner Ergebenheit dem Gast oder Meister die von der Wanderung staubigen Füße. Muslime reinigen sich noch heute vor dem Gebet in der Moschee rituell, die Juden vor dem Essen. Der Brunnen aber ist auch Ort der Kontaktaufnahme. Bisweilen findet sich nicht nur in der Bibel, sondern auch in anderen frühzeitlichen Quellen, daß die älteste Tochter des Hauses am Morgen und am Abend mit ihrem Krug zum Brunnen ging. Das wußte auch der Knecht des Abraham (1 Mos. 24, 11ff). Er sollte für dessen Sohn Isaak an Abrahams früherem Wohnort Har-ran – beim türkischen Urfa – eine Braut auskundschaften. So lagerte er mit den Kamelen »beim Brunnen, des Abends um die Zeit, da die Frauen herauszugehen pflegen, um das Wasser zu schöpfen«. Er wollte diejenige für Isaak gewinnen, die ihm Gastfreundschaft erwies. Der Knecht hatte Glück. Ehe noch seine Idee ausgesponnen war, kam eine »sehr schöne Jungfrau« und gab nicht nur ihm zu trinken. Sie »lief abermals zum Brunnen, um zu schöpfen und schöpfte allen seinen Kamelen«. Rebekka wurde Isaaks Frau.

Die Schlachten um Armageddon

Wasser ist in der Tat »das Beste«. Dabei wird es beim Brunnen von Megiddo nicht so landstädtisch idyllisch zugegangen sein. Bis in die Frühbronzezeit geht die Besiedlung auf dem Tell dieser wohl bedeutendsten Stadt im Südwesten der Jesreel-Ebene zurück. Mehr als zwanzig Schichten gruben die Archäologen frei, von denen Gottlieb Schumacher vom Deutschen Palästina-Verein Anfang des 20. Jahrhunderts der erste war. Megiddo ist typisch für eine reiche und wechselvolle Historie auf der Schnittlinie zwischen dem Einfluß der Ägypter und den

Völkern des Zweistromlandes, die von Syrien aus auf Palästina Einfluß nahmen. Megiddo und die Jesreel-Ebene gelten als Symbol für das Brückenland. In der Mittleren Bronzezeit zwischen 1750 und 1550 v. Chr. umgaben die Kanaaniter die Stadt mit einem starken Erdwall und einem breiten Tor. Ihr Palast wurde reich verziert.

Um 1468 entriß ihnen Ägyptens Pharao Thutmosis III. die Metropole in einer Schlacht vor ihren Mauern. Im Amontempel von Karnak am Nil schnitt damals der Sieger zu seinem Triumph erstmals den Namen Megiddo in den Stein. »Die Eroberung von Megiddo ist die Eroberung von 1000 Städten«, endet der Lobpreis. Freilich mit was für »Heeren«? Um sich zu verteidigen, baten Städte wie Megiddo um ägyptische Bogenschützeneinheiten von gerade einmal zehn bis 400 Mann. »Einmal strategisch wichtig – immer wichtig«, sagt der deutsche Archäologe und Theologe Peter Metzger. Kein Wunder, daß die Offenbarung des Johannes (Apk 16, 16), etwa 1500 Jahre später verfaßt, die letzte Schlacht der Geschichte zwischen Gut und Böse am selben Platz ansiedelt, wo für den Autor die blutigsten Schlachten seiner Geschichte geschlagen worden waren, wo Pharaonen die »Hyksos« und Hethiter sowie die Israeliten wohl Kanaaniter und/oder die Philister besiegt hatten. So erhoffte der Johannes der Offenbarung hier wohl nicht nur den Sieg der Parther über jene bösen Römer, die die Christen verfolgten, sondern den letzten Sieg seines Gottes über alle Heiden und alle Götter.

Von Moses zu Saul. Der israelitische Orient

Wo immer es Wasser gab, da lebten Menschen und siedelten. Nur wenn die Quellen versiegten, zogen sie davon. Das lehrt die Geschichte von Jericho und dem Jordangraben, von Beerschewa im Negev, von Megiddo und Hazor. Diese Gebiete waren unterschiedlich wasserreich. Der Regen nahm und nimmt von Nord nach Süden hin immer mehr ab. Trotz aller Klimaschwankungen waren dagegen die Staaten am Nil oder am Euphrat immer fruchtbar und besiedelt. Zudem hatten sie natürliche Grenzen: Meere, Berge oder Wüsten. Dort konnten sich mithin anders als im Brückenland mächtige Staaten bilden. Sie dehnten ihre Netze mit Handel und Kultur aus, bis sich ihre Einflußzonen im Brückenland überschnitten. Die entstehenden Rivalitäten wurden zu Kriegen in Palästina. Kleinasiens Hethiter, die »Hyksos«, Assyrer und Perser kämpften gegen die Ägypter und später gegen Griechen und Römer. So waren die Völker des Brückenlandes meist Opfer, sammelten aber auch reiche Erfahrungen. Sie schufen sich aus den Vermischungen mit den Nachbarn eine eigene Identität. Daraus erwuchs auch jene Religion, die alle anderen Kulte überlebte und als Judentum noch immer Zukunft hat.

Kanaaniter und Philister

Kanaaniter nennt die Wissenschaft die Menschen im Brückenland, vom Libanon und Syrien bis zum Negev. Diese Kanaaniter prägten die Region von den ersten Häusern im Jordangraben an. Bei ihnen läßt sich in der Frühen Bronzezeit (3300–2000 v. Chr.) das Rad nachweisen. Sie sprachen eine semitische Sprache, die bis heute jeder verstehen würde, der das biblische Hebräisch kennt. Wohl schon zwischen 1800 und 1600 entwickelten die Kanaaniter aus den Hieroglyphen der Ägypter das Alphabet, wie es ähnlich heute noch im Gebrauch ist; Vokale sind darin wie im neuhebräischen Ivrit und im Arabischen überflüssig. Die kanaanitische Kultur prägte auch die »Seevölker«, die als Philister aus Anatolien oder der Ägäis ab 1200 v. Chr. an der Küste seßhaft wurden. Wohl behielten die Philister ihre Rituale. Aber nach etwa drei Generationen war ihre »materielle Kultur« kaum mehr von der der Kanaaniter zu scheiden. Erste Textfunde im Brückenland stammen von Namen auf Pfeilspitzen aus dem 12. Jahrhundert oder von einem Schreibübungstext, dem »Bauernkalender« aus Gezer in der philistäischen Ebene aus dem 10. Jahrhundert. Mit Ende des »Häuptlingtums« und dem Entstehen von Staat und Bürokratie wird Schreiben wichtig. Das ist zuerst im Nordreich Israel in der ersten Hälfte des 8. Jahrhunderts nachweisbar, sagt der Rostocker Theologe Hermann Michael Niemann.

In der Späten Bronzezeit versank die spätkanaanitische Kultur im Nahen Osten und erlebte nur noch einmal in Karthago eine Blüte. Frühestens 814 soll Prinzessin Elissa, eine Großnichte von Jezebel, jener Ehefrau des israelitischen Königs Ahab, Tyrus verlassen haben, um über Zypern nach Afrika zu reisen. Von der Insel nahm sie Priester der Astarte an Bord und gründete mit ihnen die »neue Stadt«. Das bedeutet Karthago (qart-Stadt/hadascht-neu) auf »phönizisch«. Derweilen erwuchs aus dem Erbe des Seevolks der Etrusker Rom, der spätere Erzfeind der Karthager. So vielfältig kanaanitische Kultur war, so unterschiedlich waren die in Kanaan lebenden Völker. Zwar aß man in Ebla beim syrischen Mittelmeer zur nämlichen Zeit aus ähnlichem Tongeschirr wie in Jericho am Jordan, doch die über Kanaan hinwegziehenden Völker hinterließen zwischen den Quellen des Jordan am Libanon und dem Negev bei Arad und Beerschewa ihre materiellen und geistigen Spuren. Im Norden des Brückenlandes waren andere Prägungen stärker als im Süden, wo Ägypten die Kulturvormacht darstellte. Wer waren diese Hebräer und Israeliten?

Wer sind die Hebräer?

Mehrfach schrieb Megiddos König Biridija an seinen Tributsherrn, Pharao Amenophis IV. Echnaton (1353–1336 v. Chr.). Einmal klagte er über den aggressiven König von Sichem, dann über die Bedrohung durch »Hapiru«. Seine »Briefe« fanden sich neben etwa 380 anderen »Dokumenten« 1886 in Trümmern der Stadt Echnatons (Tell al-Amarna). Sie gehören zur Sammlung der »Amarnabriefe«. Fürchtete Biridija mit den »Hapiru« etwa die »Hebräer«? Dann wäre diese Tontafel mit Keilschrift der früheste Hinweis auf dieses Volk der Bibel. Historiker nehmen das an. Die Hebräer seien raubschatzende Banden gewesen, die den von Ägypten auferlegten Steuerpflichten nicht nachkommen konnten und vor den Vasallen des Pharaos flohen. Nach Herbert Donner kommt der Name im Ersten Testament 33 mal vor und so viel seltener als die 2500 Nennungen »Israels«: meist als Selbstbezeichnung von Israeliten gegenüber Fremden mit einem Unterton der Demut. Fremde – wie Megiddos König – nennen diejenigen »Hebräer«, die sie gering schätzen oder verachten. Donner führt auch Belege an, nach denen »Hebräer« Sklaven waren.
Eine ethnische Bedeutung hat mithin der Begriff vom »Hebräer« wohl nicht. Diese Menschen, die »außerhalb der Ordnung« standen, wurden später auf den Bergen Samarias und Judäas ein Teil des späteren »Israel«. Biridija von Megiddo bat den Pharao um Hilfe. Er hat sie wohl auch erhalten. Megiddo wurde wieder reich,

Hebron (David Roberts, 1839)

viele tausend Menschen lebten in der Stadt. Aus der Späten Bronzezeit zwischen 1350 und 1130 v. Chr. stammen Funde aus Gold, Lapislazuli und vor allem aus Elfenbein. Auch wenn die Bibel von Salomos Herrschaft über Megiddo spricht (1 Kg 4, 12), Archäologen blieben dafür ohne Beleg. Jüngere Historiker wie der deutsche Ernst Axel Knauf sagen, Salomos vereintes Königreich habe nicht viel weiter als bis nach Gibeon, höchstens bis Sichem (Nablus) gereicht.

Nach dem 1. Buch der Könige (1 Kg 9, 19) soll Salomo in Megiddo Speicher, Wagenremisen und Pferdeställe gebaut haben. So zeigen Fremdenführer lange Hallen, die mit Kalksteinpfeilern in zwei schmale und ein breites Schiff unterteilt sind, als »Ställe Salomos«. Der israelische Archäologe Yigal Yadin ordnete diese Bauten den Königen Omri (882–871 v. Chr.) und Ahab (871–852 v. Chr.) zu. Oder sind sie aus der Zeit Jerobeams II. (787–747 v. Chr.) noch eine Generation später, wie der Archäologe Gunnar Lehmann meint? Erst etwa 100 Jahre nach Salomo hätten Könige des Nordreiches Israel Megiddo innegehabt und verstärkt. Und waren die »Ställe« nicht Vorratsräume oder Markthallen? Wären es tatsächlich Ställe, Pferdeknechte hätten jedes Pferd rückwärts in seine Box führen müssen; das Tier hätte sich darin kaum bewegen können. Bei Alarm wären die Pferde – nur aus einem Tor – schlecht heraus gekommen. Daher heißt es, die steinernen »Futtertröge« seien vielmehr Vorratsbehälter gewesen. Vielleicht erhielten aus ihnen die Beamten ihr Getreidedeputat. Der Augenschein und etwas Phantasie reichen, um sich an Fundorten wie Megiddo das Leben der Vergangenheit vorzustellen. Die Könige Omri und Ahab könnten auch die Wasserversorgungs-Anlagen gebaut haben, die Megiddo und Hazor – weiter östlich an der militärisch wichtigen Achse zwischen Meer und Mesopotamien – in besonderer Weise prägten.

Die Wasserversorgung von Megiddo und Hazor

Außerhalb der Stadt Megiddo entsprang am Fuße der Anhöhe von jeher eine Quelle. Dorthinunter hatten die Kanaaniter eine Treppe geschlagen. Die wurde später ersetzt. Omri fand wohl eine Art bedeckte Galerie von der Stadt zur Quelle vor, einen Meter breit und zwei Meter hoch. Man konnte sie von außen kaum sehen. Die Quelle war zudem überbaut, um sie im Krieg zu schützen. Das reichte den Architekten der Könige aber nicht. Sie trieben einen gut 40 Meter tiefen Schacht mit einer Wendeltreppe hinab und schlossen einen 70 Meter langen Tunnel bis zur Quelle an. Später vertieften sie den Schacht und gaben dem Tunnel ein Gefälle zum Wasser hin, so daß das »Beste« erreichbar wurde.

Ähnlich in Hazor: Hier entstand wohl in der Frühen Bronzezeit um 2500 v. Chr. eine kanaanitische Siedlung. König Ahab baute im 9. Jahrhundert Hazor wieder zu einer bedeutenden Stadt aus, ähnlich schön wie zur kanaanitischen Blütezeit zwischen 2000 und 1550 v. Chr. Zitadelle und Palast, Kasernen und Lagerhäuser künden davon. Hier gingen die Menschen auf einer Treppe an den vier Wänden eines Schachtes 30 Meter zum Wasser hinunter; ihn hatten die Bauleute durch ältere Siedlungsschichten und den Fels gebohrt. 25 Meter lang ist der daran anschließende Tunnel, der in ein fünf Meter breites und 10 Meter tiefer gelegenes Wasserbecken auf die Höhe des Grundwasserspiegels führt, so daß Hazors Versorgung gesichert war, selbst wenn die vor Feinden geschützte Quelle vor der Stadt versiegen sollte. Übrigens waren die Stufen so breit, daß auch Esel das Wasser tragen konnten. Wie aber fanden Ingenieure heraus, in welche Richtung sie den Tunnel unterirdisch treiben mußten, wenn sie sich in 40 Meter Tiefe ohne Orientierung aufhielten? Es heißt, die Bauleute hätten oben auf den Schacht einen Stamm gelegt, der zur Quelle hinwies. Daran hätten sie möglichst weit voneinander entfernt mit

Stricken Gewichte hinuntergelassen, so daß die Bauleute längs der Verlängerung der Strecke zwischen den Loten die Richtung wieder erkennen konnten. Die Arbeiter trieben dann den Stollen längs der durch die Gewichte bestimmten Strecke bis zur Quelle weiter. Problematisch blieb das Gefälle. Oft wurde auch von der Quelle aus zum Schacht zur Stadt hin gegraben. Daß sich beide Schächte bisweilen nicht unverzüglich trafen, zeigt auch der Wasserschacht, der in Jerusalem die Gihonquelle mit dem Siloahteich verbindet.

Die Israeliten

Die Kanaaniter mieden die Berge. Anders als die Hethiter aus dem türkischen Hochland, die wohl den Charakter der »Jebusiter« mitprägten, der vorisraelitischen Herren Jerusalems, waren sie vor allem Händler auf den Land- und Wasserstraßen. Von der Frühen Bronzezeit im 4. Jahrtausend an regierten kanaanitische Stadtstaaten über Syrien und Palästina. Keimzelle des Staates war die Familie; König und Königin regierten durch eine geordnete Bürokratie. Priester und andere Kultdiener, auch Musiker, waren in Verbänden organisiert. Handwerker bildeten Gilden. Soldaten gehörten zu verschiedenen Klassen. Die Kanaaniter beteten viele Götter an: vor allem Baal El; wichtige Göttinnen waren Aschera und Anat. Oft waren sie mit Göttern Ägyptens und Mesopotamiens »verbunden«. Bis zur Staatskrise um Pharao Echnaton (1353–1336 v. Chr.), der einen »monotheistischen« Sonnenkult einführen wollte und die alte Aristokratie der Tempelkulte entmachtete, gehörten diese Stadtstaaten zum asiatischen Teil Ägyptens. Die Schwäche der Ägypter nutzten die Hethiter aus der heutigen Türkei. Sie schürten Aufstände der Kanaaniter gegen den Pharao. In diesem Zusammenhang wird von den »Hapiru« und Nomaden berichtet, die diese Ordnung gefährdeten.

Noch einmal konnten die Pharaonen die Hethiter zurückdrängen. Ramses II. (1279–1213 v. Chr.) aus der 19. Dynastie rühmte sich des Sieges in der de facto unentschiedenen Schlacht bei Kadesch südlich des Orontesflusses in Syrien. In seinem Vertrag mit den Hethitern wurde 1270 wohl der Fluß al-Kelb (Eleutheros) nördlich Beiruts zur Grenze beider Interessennetze. Ägyptische Gouverneure regierten die Kanaaniter jetzt direkt, bis die Ordnung wegen des Einbruchs der Seevölker, der Philister, nach 1200 neuerlich zerbrach. Die Ägypter wurden auch von den »Hapiru« bedrängt. Diese wurden 150 Jahre vor den »Israeliten« erstmals erwähnt, die um 1220 auftauchen. Beide Gruppen scheinen bald verschmolzen zu sein. Wer aber waren diese »Israeliten«? Der Bibel folgend wurde Jakob nach seinem nächtlichen Ringen mit dem Gottesengel bei Pniel der Name Israel (»Gott kämpft«) verliehen, »denn du hast mit Gott und den Menschen gekämpft und gewonnen« (1 Mos. 32, 28). Die Nachkommen seiner 12 Söhne werden in der Bibel »die Kinder« oder »das Volk Israel« genannt. Außerhalb der Bibel taucht der Name für eine Region erstmals an einer Siegesstele des Pharao Merenptah (1213–1204 v. Chr.) auf: »Israel liegt brach und hat kein Saatkorn«. Der Nachfolger von Ramses II. hatte über die philistäischen Städte und dieses geographisch nicht näher ansiedelbare Volk Israel triumphiert. Erst in einer Inschrift von Salmanassar III. von Assyrien (858–824 v. Chr.) ist um 853 wieder von König Ahab »von Israel« die Rede.

In die Regierungszeit Merenptahs soll der Auszug der »Israeliten« aus Ägypten gefallen sein, sagen Historiker. Ihre 40 Jahre in der Wüste hätten aus dem Clan Jakobs das »Volk Israel« geformt, schreibt die Bibel. In der Tat weisen Archäologen in der fraglichen Zeit semitische oder »kanaanitische« Bewohner in Städten am Nildelta nach. Aber das reicht als Nachweis kaum aus; auch die »Hyksos« waren schon Jahrhunderte zuvor nach ihrer »materiellen Kultur« Kanaaniter. Es mag

nachweisbar sein, daß bestimmte Gruppen im Volk der 19. Dynastie zu speziellen Arbeiten gedungen wurden. So könnte Ramses II. oder sein Nachfolger Nachkommen von Hirten, die einer Hungersnot in Kanaan an den Nil entkommen waren, dazu angestellt haben, Backsteine zu brennen, wie bei dem Ägyptologen Christian Jacq zu lesen ist. Über so eine Flucht zu den »Fleischtöpfen Ägyptens« berichtet nicht nur der Zyklus von Jakob und den Brüdern des Joseph (1 Mos. 42ff).
Eine außerbiblische Quelle enthält den polizeilichen Report an Pharao, daß ein Grenzposten wieder Nomaden ins Land gelassen habe. Das war offenbar normal, mußte aber gemeldet werden. Ramses brauchte Arbeiter. Er baute in kurzer Zeit bei der einstigen Hauptstadt der »Hyksos«, Awaris am Nildelta aus dem 17. Jahrhundert, »seine« Stadt Pi-Ramses, den aggressiven Hethitern zur Mahnung und Kanaan als Fingerzeig seiner Macht.

Die Bedeutung des Moses

Heute sehen Archäologen und Bibelforscher, anders als die jüdische Orthodoxie, in der Mosesgeschichte eine historische Konstruktion. Es gab wohl einen Moses, aber das Geschehen der Bibel um ihn herum erscheint konstruiert. Der Philosoph Baruch Spinoza (1632–1677) wurde von seiner jüdischen Gemeinde in Amsterdam 1656 exkommuniziert, als er meinte, Gott habe Moses nicht die ersten fünf Bücher der Bibel diktiert. Immerhin hielt noch Spinoza das Pentateuch für das Werk *eines* Autors. Die moderne Bibelkritik – der Orientalist Julius Wellhausen Ende des 19. Jahrhunderts wurde einer ihrer wichtigsten Vertreter – nimmt verschiedene Quellen und »Redaktoren« an. Rudolf Smend und andere sprechen von mehreren Redaktionen. Die für die »Endgestalt« des Pentateuch zuständige »Redaktion« arbeitete wohl im babylonischen Exil und verband zumindest zwei verschiedene Erzählwerke. In der als »Priesterschrift« bezeichneten Quelle steht für Gott »Jahwe«, bei der anderen »Elohim«. Die Endredaktion »schob beide Texte ineinander«, sagen die Forscher und versuchen, die ältere der Schriften von der jüngeren »abzulösen«. Anders als im Patriarchenzyklus um Abraham erhält bei der Mosessage die Priesterschrift ein »erdrückendes Übergewicht«, sagt Smend. Schon Wellhausen stellte fest, die Priesterschrift sei pedantisch: »Interessantes wird übergangen, das Gleichgültige genau beschrieben.« Das Werk ist dabei nicht nur chronologisch gegliedert; alles Geschehen hat sich der überragenden Rolle der Moseszeit unterzuordnen. Es ging den Priesterautoren wohl mehr um »Bundestheologie« als um Historie. Das hatte einen Grund, wenn es stimmt, daß der Perserkönig Kyros (559–530 v. Chr.) die Gewährung einer jüdischen Autonomie davon abhängig machte, daß diese Juden sich zuvor eine Art Verfassung gaben, wie Ernst Axel Knauf darstellt. Die Thora wurde dieses Grundgesetz. Die »Herrlichkeit Jahwes« im Spiegel »seines Volkes« sollte begründet und geregelt werden. Die Schrift der Priester sei mithin die jüngere, folgern Smend und andere. Sie passe zu der Ära, in der Israel im Exil zur Kultgemeinde geformt wurde. Die Priester am Euphrat wiesen auf Moses zurück, der sein Volk »nachhause« gebracht hatte, so wie sie es selbst tun wollten. Sein Mythos sollte die »höchste, endgültige Legitimität« für den Rang des einen Tempels in Jerusalem und die Einhaltung seiner göttlichen Gesetze geben, schreibt Smend.
Auch wenn es zu Abrahams Zeit keine Philister gab und vieles andere in der Bibel historisch nicht stimmen kann, im Patriarchenzyklus um Abraham, Isaak und Jakob schimmert das Los der südpalästinensischen Nomaden durch. Auch die Mosesgeschichte hat »historische Kerne«. Herbert Donner spricht von einer »historisch kontrollierbaren Spekulation«, wenn sein Schüler Knauf Moses als Gestalt

Blick von der Esdrelon-Ebene auf den Berg Tabor (David Roberts, 1839)

des 12. Jahrhunderts aus der Sage herausschält. Moses sei wohl ein am Nil geborener Syrer gewesen, ein hoher Beamter, so wie es sich bei Christian Jacq nacherleben läßt. Moses wollte die Regentschaft an sich reißen, sagt freilich Knauf anders als der Ägyptologe Jacq. Für dieses Vorhaben holte er sich palästinensische »Hapiru«-Söldner zur Unterstützung. Etwa 50 Jahre vor Moses, so sagt Knauf weiter, habe eine Midianiterin aus dem Land südlich von Kanaan, die »Prophetin« Mirijam gesehen, wie bei Akaba »Wagen des Pharao« im Roten Meer versanken. Sie habe darauf das Meerlied (2 Mos. 15, 21) gesungen. Das sei der einzig authentische Text der Mosessage. Das Weitere sei »Nacharbeit, Interpretation und Deutung«, meint Knauf. Das Vorhaben des Moses mißlang. Aber seine Anhänger entkamen mit ihm.

Der »Zwölfstämmeverband«

Das »Meerlied« ist die älteste Quelle zur Flucht der Mosesgruppe nach Palästina unter dem einen Gott, der »Roß und Reiter ins Meer warf« und »gnädig geleitete das Volk, das er erlöste«. Im Meerlied, so Knauf, verstecke sich ein Schlüssel zur Verbindung des »einen Volkes mit dem einen Gott«. In den »zwölf Stämmen« mag man eine politische Koalition verschiedener Gruppen und Siedlungen sehen, die sich gegen die Philister und andere Gruppen zusammenschlossen. Sie hatten keinen König und auch keine staatliche Verwaltung, suchten sich aber gleichwohl in einer Zeit des Chaos zu behaupten, nachdem sich die Ägypter aus dem Brückenland zurückgezogen hatten. Erst in der Rückprojektion wurden die zwölf Stämme zu verwandten Bruderclans mit fiktiven Genealogien. Die Israeliten nahmen Kanaan nicht mit Gewalt. Jericho fiel nicht im Brand. Für die Bibelsagen der militärischen »Landnahme« fehlt jede archäologische Bestätigung. Vielmehr vermischten sich Hebräer und Israeliten mit der Urbevölkerung. Ihre Föderation wurde allmählich aus sozialer und politischer Notwendigkeit zu einer nationalen Zweiheit aus Nord- und Südreich.
Eine dieser Gruppen aus Sichem (Nablus) oder Silo war mit der Vorstellung von Jahwe nach Kanaan gekommen; sie gab dies Verständnis von JHWH dem Bündnis mit. Man könnte sie die »Mosesanhänger« nennen. Ihre Bundeslade – vielleicht

mit den Zehn Geboten des Moses – war nach den Büchern Samuels (1 Sam 4–6; 2 Sam 6) zunächst nur von regionaler Bedeutung, interpretiert Herbert Donner. David nutzte sie bei dem Versuch, mit ihr aus diesem Sippenbund eine »Nation« zu machen. Jahwe sollte Einheit schaffen. Darum holte David Jahwes Bundeslade nach Jerusalem. Sie wurde zum Symbol der Identifizierung. Mit ihr konnte sich das »Volk Israel« unterscheiden von den kanaanitischen Staaten an der Küste, die weiter Baal und El anhingen oder jenen am Nil oder Euphrat. Offiziell erklärte erst König Josia von Juda (641–609 v. Chr.) im Jahre 622 v. Chr. den Tempel und seine Bundeslade zu dem einzigen Jahweheiligtum. Der neue Gott, der Menschenopfer verschmähte, aber Sitte und Anstand verlangte, Ebenbürtigkeit unter Menschen und Gehorsam vor seinen moralischen Geboten, breitete sich aus.

Israel und die Philister

»Wer mehr als eine Quelle braucht und archäologische Funde, kann die Geschichte der Könige David und Salomo nicht schreiben«, stellt Ernst Axel Knauf fest. Es gibt diese Funde nicht; und erst von Salomos Sohn Rehabeam (931–914 v. Chr.) an, um 925, läßt sich die Bibel als Chronik eines Staates und seiner Religion lesen. Dabei neigen auch »Minimalisten« dazu, David und seinen Nachfolger – vielleicht nicht Sohn – Salomo als historische Gestalten anzunehmen, auch wenn nur die Bibel über sie berichtet. Freilich waren ihre Reiche viel kleiner und ihre Bedeutung zu gering, um in die Annalen der Großmächte an Nil und Euphrat einzugehen. Die Bibel kann vielfache Quelle sein; dafür müssen die Texthäute, die die Priester in Babylon aufeinandergelegt hatten, wieder auseinandergeblättert werden. Danach wuchs Israel im 10. Jahrhundert zur »Nation«. König Saul (ca. 1020–ca. 1000 v. Chr.) wurde der erste Häuptling über einen »Stämmebund« im Norden mit der Hauptstadt Gibeon. Man suchte einen Führer in Krieg und Not. Weder das jebusitische Jerusalem noch das südliche Judäa gehörten zu Sauls Reich. Die Philister wollten sich – mit ihrem Fünfstädtebund und seiner Bürokratie gut organisiert – ausdehnen, von der Küste über den Kamm zum Jordan hin. Schon um 1050 kam es zum ersten Zusammenstoß mit den Philistern. Diese kämpften mit eisernen Waffen, einer Neuheit, für die Sauls Stämme offenbar zunächst teuer bezahlen mußten. Erst langsam wurde das Eisenmonopol gebrochen.

Saul fiel in der Schlacht und hinterließ den Namen »Israel« und sein »Bündnis mit Jahwe«. Das war wohl 200 Jahre nach dem Umsturzversuch des Moses, der mit dem »Meerlied« seine Flucht nach Kanaan verewigt hatte. Das »Lied der Deborah« im Buch der Richter (Ri 5) ist das zweite kulturhistorisch prägende Dokument. Es stammt vermutlich aus dem 10. Jahrhundert und spiegelt das Reich von Sauls Sohn Eschbaal. In der Zeit dieses nördlichen Königs beginnt Davids (ca. 1000–961 v. Chr.) Aufstieg. Er stammte aus Bethlehem, hatte offenbar – nach dem Buch Samuel – eine Tochter Sauls zur Frau und lebte zunächst am Hof. Dann ging er in seine Heimat zurück und nahm »Hapiru« mit, um sich als Söldnerführer beim Philisterkönig von Gat zu verdingen, der ihm Ziklag zum Lehen gab. Auf seinen Beutezügen wurde er reich. Sein Vermögen erleichterte ihm die Suche nach Partnern, die ihn nach einem letzten Sieg über die Kalebiter um Hebron herum als König Judäas krönten. Hebron wurde Davids erste Hauptstadt. David adoptierte Sauls Jahwe als seinen Familiengott, auch wenn sein Reich mit dem Jahwestaat von Eschbaal – nach Samuels Buch – im Krieg lag. Nach Eschbaals Tod gelang es David, zumindest von einem Teil der Israeliten nördlich Jerusalems zum König nominiert zu werden.

Davids Jerusalem. Von den Assyrern zu den Römern

Es war die Schwäche der Großreiche an Euphrat und Nil, die es den Israeliten im Brückenland etwa zwischen 1200 und 850 erlaubte, zwei souveräne Zentren zu bilden: das Nordreich mit Sichem als erster Hauptstadt und Juda im Süden. Jerusalem, das südliche Zentrum, war dabei kein Magnet. Zion wurde nie so groß wie Megiddo in der Bronzezeit oder Ekron und Aschkelon unter den Philistern; es war auch kleiner als Sichem und wuchs erst nach der Zerstörung des israelitischen Nordreiches im Jahr 720 und der Flucht vieler von dort in den Süden. Die zwei Staaten aus Sauls Erbe waren nicht mächtig. Mit ihnen wurde vielmehr der Grund dafür gelegt, daß später von einer israelitischen Nation gesprochen wurde, in der Heimat und geistige Gemeinsamkeit prägten und nicht nur der Umstand, Untertan eines Königs zu sein. Das politische Projekt des einen Staates schlug nach nur wenigen Jahren fehl; wohl zu Ende der Herrschaft Salomos brach die Personalunion wieder auseinander. Von den zwei Königreichen blieb das nördliche politisch wichtiger; es zog auch mehr Feindschaft auf sich und wurde darum 722 zur assyrischen Provinz. Als die Bibel im 6. Jahrhundert, vor allem im Exil redigiert wurde, legten die meist judäischen Redakteure Wert auf die Moral, daß Samarias Sonderweg und sein früher Untergang als Strafe Gottes für den offenbar unausrottbaren Götterdienst um Baal, El und Astarte zu verstehen seien. Das war freilich Theologie und nicht Geschichte.

König Davids Entscheidung, die Bundeslade zum zentralen Kultobjekt von Nord und Süd zu erheben, legte den Grund für eine geistig-religiöse Identität, die alle Großmächte des Altertums überlebte. Sie machte Zion bis heute zum Zentrum des Judentums und zum Herzsymbol der Christenheit. Daß Saul, Eschbaal, David und Salomo überhaupt versuchen konnten, eine »Nation« zu formen, hatte viele Gründe: Die »Hapiru« und »Israeliten« waren nicht wohlorganisiert. Sie hatten weder König noch Oligarchie; im Gegenteil: Sie wollten gerade den Großmächten, ihren Vasallenkönigen und dem »Bauernlegen« durch hohe Steuerpflichten entkommen. Älteste und Richter waren zunächst ihre »Führer«, so weit sich »Einzelkämpfer« führen ließen: diese Hirten, Dörfler und Nomaden. Schließlich lag ihr Teil von Kanaan an der Peripherie des Brückenlandes. Es war arm und bis auf Pässe strategisch unwichtig. Diese abgeschiedene »dritte Welt« wurde zum Reagenzglas, in dem sich eine neue Lösung mischte: Israel.

Die neue Hauptstadt

Jerusalem und seine Umgebung sind seit 6000 Jahren Kulturland. Daß allerdings schon eine Tontafel im königlichen Archiv von Ebla in Nordsyrien aus der Frühen Bronzezeit um 2400 v. Chr. den Namen der Stadt erwähnt, erscheint zweifelhaft. Wohl aber taucht ein *Ruschalimum* in ägyptischen Texten des 19. Jahrhunderts auf, und sicher meinte König Abdiheba mit seinem *Urusalim* dieses Jerusalem. Abdiheba beklagte sich um 1400 in mehreren Briefen nach Amarna bei Pharao

Das Absalomgrab in Jerusalem
(David Roberts, 1839)

Echnaton: Der König von Gezer habe sein Reich überfallen. Warum entlasse da Pharao so einen Übeltäter aus der Pflicht, die ägyptische Garnison mit Nahrungsmitteln zu versorgen, fragte er den Herrn am Nil. Gezer sei reich, Urusalim aber werde von Ägyptens Soldaten geplündert und müsse dennoch zahlen, empörte sich Abdiheba. Vielleicht würde überdies seine Lieferung an Getreide und Sklaven für ihn, den Pharao, wegen der Überfälle gar nicht ankommen, schrieb er. Ob dieser Brief eine List war? Schickte der König den Tribut überhaupt zum Nil? Der Nachbarkönig von Hebron warnte Echnaton vor dem »Spitzbuben« Abdiheba.

In der hebräischen Bibel wird die Stadt etwa 600 mal erwähnt. Dabei ist ihr Name älter als der israelitische Kontext und verweist vom Namen her wohl auf die »Gründung/Stadt des (kanaanitischen Gottes) Schalem«. Jerusalems Entwicklung zur Hauptstadt ist in den Büchern Josua, Richter und Samuel sowie in den Chroniken nachzulesen und doch unklar. Theologie vermischt sich darin mit Geschichte. Ein widersprüchliches Bild von Krieg und Frieden wird zu Jerusalems Übernahme vermittelt: Es gibt das friedliche Gespräch mit den Jebusitern und deren vermutlich auf einen religiösen Kult hindeutende Drohung mit »Blinden und Lahmen«. Auf Krieg deutet dagegen das listige Eindringen Davids durch einen »Schacht«. Mit Forschern wie Amihai Mazar oder Ernst Axel Knauf gilt die Annahme, daß die im 12. Jahrhundert von Jebusitern übernommene Stadt schon Blütephasen hinter sich hatte, als sie – zum Dorf geschrumpft – von David eingekesselt wurde. Bisher hatte sich Jebus unter Adoni-Zedek oder Arauna in Koalitionen gegen die Benjaminiten im Norden – unter Saul und Eschbaal – sowie die Judäer im Süden behaupten können.

Als aber David König von Juda wurde und als Nachfolger Eschbaals auch Autorität über den größten Teil des samarischen Nordens gewann, »ist es nur vernünftig anzunehmen«, daß Jebus nach Integration suchte, schreibt Knauf. Mazar hält fest, daß es keinen Hinweis auf eine Eroberung der Stadt gebe. Darum dürfte nicht Davids Krieg gegen Jebus (2 Sam 5, 6–8; ähnlich 1 Chr 11, 4–6), sondern das Buch der Richter (Ri 21) historisch sein: »So blieben Jebusiter neben Benjaminiten in Jerusalem wohnen bis zum heutigen Tag.« Im Überblick archäologischer und lite-

rarischer Arbeiten zu Jerusalem sprechen Klaus Bieberstein und Hanswulf Bloedhorn von einer »relativ friedlichen Machtübernahme«. Die jüngsten Grabungen von Ronni Reich räumen mit der Vorstellung auf, Davids Söldner seien durch einen Schacht (zinnor) in die Stadt eingedrungen. Der um 1870 nach seinem Entdecker Charles Warren benannte Schacht kommt auch nicht in Frage; zu Davids Zeiten war das Wassersystem durch eine ältere Mauer vor Feinden abgeschlossen, sagt Ronni Reich. Dieser natürliche Schacht wurde erst später entdeckt.
Für die friedliche Übernahme spricht auch der Umstand, daß David Priester des Adoni-Zedek übernahm und von Arauna die »Tenne« als Platz für die Bundeslade kaufte. Wieder gerät die Bibelredaktion in Babylon in den Blick. Sie übernahm beide Traditionen zur davidischen Stadtübernahme, stellte aber die kriegerische in den Mittelpunkt, um den Sieg Jahwes über die alten Kulte hervorzuheben. Der Theologe Konrad Rupprecht überzeugte viele mit seiner Textinterpretation, wonach David in Jerusalem nicht eine völlig neue Tradition begründete. Er betete bereits vor dem Tempelbau in einem »Haus des Herrn«. Dann erst brachte er die Bundeslade dorthin. Sein Sohn Salomo renovierte den schon bestehenden Kultplatz und weihte ihn Jahwe.

Das »Zentrum der Welt«

In den Gebeten der Juden, vor allem beim Lobpreis der altorientalischen und orthodoxen Christen klopft das Herz für Jerusalem. In Darstellungen des Kreuzes Jesu bezeichnet der Treffpunkt von Längs- und Querbalken das Herz Jesu und seine Stadt. Auf Landkarten des Mittelalters ist Zion die Mitte. In der byzantinischen Zeit wanderte das Herz einige hundert Meter nach Nordwesten an einen gedachten Platz in der Anastasis, von dem aus der Golgathafelsen, Jesu leeres Grab und ein Punkt in der Grabeskirche gleich weit voneinander entfernt sind. Griechische Mönche zeigen die »Weltmitte« unter dem Lüster in der Grabes- und Auferstehungskirche. Wo aber begann die Geschichte Jerusalems wirklich? Vor allem die Unmöglichkeit, auf dem »Haram al-Scharif«, dem Tempelberg, zu graben, macht die Antwort schwer. Allmählich setzt sich aber die Vorstellung durch, daß davidische »Reste» nicht in der heutigen »Stadt Davids« vermutet werden sollten. Das meint nicht nur der israelische Archäologe Ronni Reich, der dort seit Jahrzehnten vergeblich Davids Spuren sucht.
Reich und seine Vorgänger stießen in der »Stadt Davids« auf Älteres, so auf eine Terrassierung und ein Hangpflaster aus dem 13. Jahrhundert, die einen Palast getragen haben könnten. Zudem gruben sie Jüngeres aus. Ernst Axel Knauf meint darum, die »Feste Davids« habe wohl höher, auf dem für Grabungen unzugänglichen Berg gelegen, zwischen dem Gipfel und der »Stadt Davids« auf dem Abhang. Auch die »Pfalz« seines Sohnes ist nicht nachweisbar. Salomo baute den Bezirk auf dem Tempelberg und auf dem später »Ophel« genannten Anstieg zur Tempelmauer aus. Dabei renovierte er den übernommenen Kultplatz des Adoni-Zedek, errichtete daneben den Palast und andere Gebäude, über die das 1. Buch der Könige (1 Kg 6–7) berichtet. Wirklichkeitsnah klingt, daß Salomo dreizehn Jahre an seinem Palast baute, aber nur sieben für den Tempel (1 Kg 6–7) brauchte. Gottes Haus war kleiner als Salomos Residenz.
Allein, Jahwes Wohnsitz wurde zu einem Vorbild für viele religiöse Bauten und Kirchen. Das lasse sich nicht begründen, wenden viele ein. Die Archäologen können Salomos Tempel nicht nachweisen, und es gibt nur ganz wenige andere eisenzeitliche Tempel zum Vergleich. Der Bibel zufolge bat der arme König von Jerusalem den König von Tyrus um einen Architekten. Er selbst hatte weder Ingenieure

noch das gewünschte Baumaterial. Überdies gab es einen älteren Bau, den er nicht abreißen durfte, schon aus Pietät gegenüber den jebusitischen Mitbürgern und ihren Priestern, die sein Vater nicht entlassen hatte. Gerade wegen dieser Einschränkungen wurde neu gedacht. Anders als bei anderen Tempeln verlangte zudem ein »innenarchitektonisches« Erfordernis eine neue Form: Die Bundeslade in der mobilen Stiftshütte sollte in ein festes Haus ziehen. Salomos Tempel wurde auf die Erhöhung dieser Lade hin gebaut. Das Ergebnis wird wohl kein Archäologe mehr nachweisen können, aber schon sein Grundriß machte Furore.

Der Tempel wird Zion – wird das Paradies

Der Theologe und Archäologe Martin Metzger beschreibt die schlichte und wirkungsvolle Proportion des dreigeteilten Tempels: Die Vorhalle war doppelt so breit wie tief (20 mal 10 Zellen), die Vorcella doppelt so lang wie breit (40 mal 20), und das Allerheiligste hatte nach Länge und Breite dasselbe Maß (20 mal 20). Das Quadrat als »vollkommene Fläche« für das Allerheiligste und der Kubus als die »vollkommene Raumgestalt« prägen den Bau. Zunächst tritt der Besucher in einen »halben Raum«. Viermal länger ist dahinter die »via sacra« der Vorcella. Hier richtet sich der Beter auf das Allerheiligste aus, das sich hinter einem Tor oder einem Vorhang in den vollkommenen Proportionen des quadratischen Kubus darstellt. Immer wieder wurde die Geburtsstunde der Freimaurerei mit diesem Tempel verknüpft. Salomos Steinmetzen hätten an ihm nicht nur die Regeln der Bauharmonie, sondern auch die dazu nötigen geheimen Codes entwickelt, legt Richard Andrews dar. Das ist mehr als »erlaubte Spekulation«.
Salomos Bau taucht in der Vision des Hesekiel (Hes 8–11; 40–42) wieder auf. Hesekiel (oder Ezechiel) folgte wohl dem judäischen König Jojachin 597 v. Chr. in einer ersten Emigration nach Babylon und wurde im Exil zum Propheten berufen. Bei ihm wird aus dem quadratischen Kubus des Allerheiligsten das Vorbild für die gesamte Stadt. Zion wird Sitz Gottes. Hesekiels Vision wird zum Modell vieler »quadratischer« Jerusalem-Darstellungen im Mittelalter, von Juden wie von Christen. Nach der Rückkehr aus Babylon orientierten sich die Bauherren bei ihrer Rekonstruktion an Salomo und Hesekiel. Schließlich blieb auch bei Herodes der Grundriß von Vorcella und Allerheiligstem beibehalten wie in Salomos Bau. In der wohl bald nach der Zerstörung des Herodestempels abgeschlossenen Apokalypse des Johannes kehrt der Tempel in einer weiteren – Hesekiel nachempfundenen – Vision zurück. Das Quadrat des Heiligtums wird zum Maß des Paradieses. Bei Hesekiel quillt der »Strom des Paradieses unter der Tempelschwelle« hervor (Hes 47, 1); in der Offenbarung (Apk 22, 1) wird dem Seher der »Strom des Lebens« gezeigt, wie er vom »Throne Gottes und des Lammes« ausgeht. Schließlich wird das kubische Maß Zions zum vollkommenen Maß der erretteten Welt, in der der Tempel das Haus für Gott und Mensch zugleich sein kann.
Es ist bei alledem kein Zufall, daß sich die Kirchen nach diesen Maßen orientieren und nur am Rande nach römischen Markthallen, die in sich nicht viel mehr als einen rechteckigen Raum mit Flachdach darstellen. Der in den alten Kirchen übliche Narthex ahmt den Vorraum des salomonischen Tempels nach. Die Vorcella ist Predigtraum der Gemeinde. Dieser Teil erinnert an die Basilika mit einem oder mehreren Schiffen. Durch diesen Längsbau strebt der Beter dem Altar zu – dem »Allerheiligsten« – oder in orthodoxen Kirchen der Ikonostase, die das Allerheiligste verbirgt. Salomos Tempel war kaum größer als eine Dorfkirche. Mit der Reichsteilung, spätestens unter Salomos Sohn Rehabeam, war Jerusalem auch nur noch die bescheidene Hauptstadt des judäischen Kleinkönigtums. Bis zur Herr-

schaft des bedeutenden Königs Hiskia (ca. 729–700 v. Chr.), dem neben vielem anderen der Kanal vom Brunnen zum Siloahteich und Teile einer gut zu sehenden Stadtmauer zu verdanken sind, bleibt Jerusalems Baugeschichte weiter blaß.

Die Großmächte siegen wieder

Bedeutender wurde dagegen für zwei Jahrhunderte das Nordreich Israel. Jerobeam I. (ca. 931–910 v. Chr.) wurde in Sichem zum König ausgerufen. Später bauten Omri (ca. 885–874 v. Chr.) und Ahab (ca. 873–853 v. Chr.) das nahe Samaria. Beides liegt bei Nablus. Dies Zentrum an einem der Pässe kann wie Jerusalem auf 6000 Jahre Historie zurücksehen. In der Stadt am Flüchtlingslager Balata und dem seit frühchristlicher Zeit verehrten »Grab des Joseph« läßt sich auf einem Tell die Bebauung von der Mittelbronzezeit bis zur israelitischen Epoche nachweisen, so der Baal-Berit-Tempel aus dem 16. Jahrhundert. Hellenistische und römische Reste finden sich in der Neustadt Nablus, so vor allem prachtvolle Gräber längs der Ausfallstraße nach Samaria. Dort erinnern die »Akropolis« und ein Stadttor an Omri, Theater und Tempel an die römische Zeit. Wichtig ist die Grabung auf dem 940 Meter hohen Gerizim über Nablus, wo unter einer byzantinischen Kirche eine prachtvolle persische Tempelanlage gefunden wurde.

Nach dem Untergang des Königreichs Israel und der Deportation der Führungsschicht blieb diese Anhöhe zentrale Kultstätte der übriggebliebenen Bevölkerung. Diese »Samaritaner« wahrten sich durch ihren Tempel symbolisiert eine eigene Identität, die ihnen Jerusalem nicht mehr streitig machen konnte. Zur Zeit des Neuen Testaments waren sie religiöse und politische Gegner der Juden, wiewohl sie doch selber Juden waren. In diesen Zusammenhang gehört die Gleichniserzählung Jesu, wonach selbst ein Samariter barmherziger sein könne als Priester oder Tempeldiener. Im Jahre 529 n. Chr., in byzantinischer Zeit, bekämpften die Samariter mit einem Aufstand ihre Christianisierung. Kaiser Justinian antwortete mit einem Blutbad. Es gibt im Gegensatz zum Altertum heute nur noch einige hundert Samaritaner. Sie betrachten weiterhin nur die fünf Bücher Mose als kanonisch, leben als Gemeinschaften auf dem Gerizim und in Holon bei Tel Aviv.

Die Nachbarn gaben Israel und Juda kaum Zeit zur Entfaltung. Die beiden Staaten suchten mal das Bündnis, mal fochten sie gegeneinander unter dem Druck der Supermächte. Israels König Hosea (731–723 v. Chr.) taktierte zwischen Assyrern und Ägyptern. Als er Salmanassar V. den Tribut verweigerte, rückten dessen Truppen an und machten das Königreich nach 720 zur assyrischen Provinz. Die gesamte Oberschicht wurde deportiert oder floh nach Juda. Dort hatte wohl schon Salomo den Schutz des Pharaos gesucht und eine seiner Nebentöchter zur Frau nehmen dürfen. Vielleicht mußte sich bereits Salomos Sohn Rehabeam (931–914 v. Chr.) wieder gegen die Ägypter verteidigen und war nicht der letzte, der vom Tempelschatz gab, um Macht und Staat zu retten. Wie Israel verlor auch Juda gegen die Assyrer, konnte aber als Vasallenstaat überleben. König Hiskia baute nach 729 in seiner langen Regierungszeit Jerusalem eindrucksvoll aus. Pharao Necho (610–595 v. Chr.) unterwarf Juda 609; 605 verlor der Pharao bei Karkemisch gegen den neubabylonischen Kronprinzen Nebukadnezar II. (605–562 v. Chr.). Juda zahlte seinen Tribut wieder an Babylon, bis Jojakim (609–598 v. Chr.) dies vielleicht 600 einstellte. Judas Ende begann. Einer ersten Eroberung 598, bei der Jojakims Sohn Jojachin mit hohen Beamten – und Hesekiel – ins Exil geführt wurde, folgte 587 die Zerstörung der Stadt und des Tempels, die Blendung von König Zedekia (597–587 v. Chr.) und die Ermordung oder Deportation der gesamten Oberschicht. Juda wurde Teil der Provinz Samaria, Jerusalem lag brach. Davids

Königtum war nach 500 Jahren ausgelöscht. Es blieb aber Vision für eine herrliche Zukunft. Hesekiel wurde der erste Prophet der Diaspora.

Das Judentum entsteht

Ein halbes Jahrhundert später besiegte der persische Großkönig Kyros 539 Babylon. Mit ihm begann eine neue Politik. Die Perser brachten taktische Toleranz in die Geschichte ein; sie gaben den Exulanten Jerusalem zurück. Ein Prophet pries Kyros darum als »Gesalbten Jahwes«. Es entstand um Jerusalem eine autonome, aber kleine Provinz. Zu ihr gehörte nicht einmal Davids erste Hauptstadt Hebron, das den Edomitern zugesprochen worden war, wohl aber Jericho. Kyros befahl den Wiederaufbau des Tempels. Die Babylonier sollten sogar Steuergelder dafür abtreten. Doch es wollten nicht viele Juden zurück. Das Leben in Babylon war gut, schreibt Donner. Steuerlisten berichten vom Wohlstand der Vertriebenen. Überdies waren die Juden auch nach Ägypten gezogen, nach Memphis und Patros. Der Wiederaufbau des Tempels begann schließlich 520 und war wohl erst 515 zu Ende. Die Bundeslade kehrte nicht mehr in das Allerheiligste zurück. Der Raum blieb leer. Die Lade war verschollen. Versteckt oder in Babylon verlorengegangen? Der ärmlich restaurierte Tempel stand auf einem verkleinerten Plateau. Bis heute läßt sich beim Blick vom Ölberg auf die östliche Stützmauer die Nahtstelle erkennen, an der Herodes das Plateau wieder auf das salomonische Ausmaß erweitern ließ.

Auch wenn sich allmählich eine neue jüdische Staatlichkeit in Palästina entwickelte, durch das Exil blieb die Identität von Land und Nation gebrochen. In Babylon lebten die Exulanten in eigenen Vierteln und »mischten« sich offenbar kaum. Das Judentum schloß sich in der Diaspora »unter den Völkern« in sich ein und setzte allmählich neben den Tempel das Buch des Tempels, neben diese Bibel die Halacha, das jüdische Religionsgesetz, mit dem man gegenüber Jahwe gehorsam sein kann, ohne zum Tempel zu pilgern und dort zu opfern. Erst der vom persischen Großkönig ausgesandte »Wiederaufbaukommissar« Nehemia (445–425 v. Chr.) setzte den Aufbau Jerusalems von 445 an fort. Er richtete die Stadtmauern wieder auf und organisierte das Land. Irgendwann kam dann auch Esra, der den Titel »Schreiber des Gesetzes des Himmelsgottes« trug. Vielleicht kam er zwei Generationen nach Nehemia. Beide prägten die »Restauration« Israels als »theokratische Gemeinde« vor dem Einzug der Griechen.

Im Exil hatten Priester begonnen, die Bibel zu bearbeiten. Sie sollte zu dem Grundgesetz werden, das Kyros als Voraussetzung der Autonomie forderte. Die Reinheitsgebote beim Essen, beim Tempelkult und in der Familie wurden genauso zementiert wie die strenge Sabbatheiligung. Esra verlangte sogar die Auflösung bestehender Mischehen (Esr 9, 1–10; 44). Schließlich las Esra vor dem Tempel den Juden die Thora vor. So wurde sie vor dem König wirksam; zugleich war dies ein Akt zur Erneuerung des Bündnisses mit Gott. Bisher hatten alle zu Israel gehört, die in Israel und Juda wohnten. Nun formte die Thora eine Bekenntnisgemeinschaft. Sie konnte Blutsverwandte ausschließen und jeden Fremden, auch die Samariter, wiewohl sie Israel nie verlassen hatten. Jude konnte nur sein, wer sich dieser verlautbarten Fassung des Kodex für Kyros und Jahwe unterwarf. Esra wollte die Identität der jüdischen Provinz im Perserreich formen; er schuf aber das Judentum, das auch jenseits von Jerusalem und Tempel Bestand haben kann. Das Leben vieler Juden in der Diaspora öffnete freilich zugleich auch das Judentum gegenüber anderen Kulturen. Schon bevor Alexander der Große (336–323 v. Chr.) in den Jahren 333 bis 331 – ein Jahrhundert nach Nehemia – den Nahen Osten

Jerusalem, das Grab des Zacharias im Kidrontal (David Roberts, 1839)

eroberte und sich seine Diadochen das Land in ein ptolemäisches und ein seleukidisches Reich teilten, brach die griechische Kultur als Bildungsmacht in das Judentum ein.
Selbst Hohepriester nannten sich griechisch Jason und Menelaos. Man las griechische Literatur und Philosophie. Die Grabmale im Kidrontal in Jerusalem, teils griechisch – teils ägyptisch, erzählen von der geistigen Offenheit dieser Zeit. Alexandria wurde nach Babylon Zentrum jüdischen Lebens und Denkens. Hier entstand seit dem 3. Jahrhundert allmählich die »Septuaginta«, die griechische Bibelübersetzung, denn längst konnten nicht mehr alle Juden Hebräisch oder Aramäisch. In der offenen griechischen Welt wurde Jerusalem Symbol der »reinen Vergangenheit«, das allerdings langsam »gotteslästerlichen Griechen« zum Opfer fiel. Als im Dezember 167 beim jüdischen Tempel dem Zeus Olympios geopfert werden sollte und auf dem Gerizim der Samariter dem Zeus Xenios, brach der Glaubenskrieg der Makkabäer (»Hämmer«) gegen die »Greuel der Verwüstung« (Dan 11, 31; 12, 11) aus. Der Priester Mattathias aus der Familie Hasmon und seine fünf Söhne verweigerten heidnische Opfer und zogen in den Krieg gegen die Seleukiden, konnten Jerusalem erobern und am 14. Dezember 164 den Tempel wieder weihen. Das Chanukka-Fest wurde geboren, das an diese Tempelreinigung erinnert. Thronwirren bei den Seleukiden erlaubten es den Hasmonäern, allmählich an die Macht zu kommen. Mattathias' Sohn Jonathan wurde Hohepriester, der erste in einer Reihe, die erst Herodes beendete.

König Herodes

Mit dem Neffen Jonathans, Johannes Hyrkanos I. (135–104 v. Chr.), begann die hasmonäische Dynastie, die freilich nie unabhängig regierte. Die Römer unter Pompejus nutzten vielmehr die Schwäche der Seleukiden und einen Erbfolgezwist der Hasmonäer und machten Juda 63 zum römischen Vasallenstaat unter dem Hohenpriester Hyrkanos II. (63–40 v. Chr.) in ihrer Provinz Syria. Auch König Herodes war Roms Vasall; aber er konnte in seiner langen Regierungszeit von 37 bis 4 v. Chr. den Staat relativ selbständig lenken. Banias im Norden und Gaza im

Jerusalem, Davidsturm der Herodeszitadelle (David Roberts, 1839)

Süden gehörten dazu, Caesarea und Gadara, Jericho und Samaria, das Herodes in Sebaste »Kaiserstadt« umtaufte. Der judaisierte Edomiter Herodes, verheiratet mit der Hasmonäerin Mariamne, hatte vor allem zwei Anliegen. Er wollte zwischen den heidnisch-römischen Ansprüchen Roms und den jüdischen seiner Untertanen seine eigene Macht wahren und zugleich einer Leidenschaft folgen, die ihn nach Salomo und Hiskia zum dritten Erbauer Jerusalems machte.

Zu Salomo kennen wir nur die Angaben der Bibel; bei Hiskia lassen sich bisweilen Bibel und archäologische Grabungen vergleichen. Im Fall von König Herodes kommt eine dritte Quelle hinzu: das Geschichtswerk von Flavius Josephus (37–um 100 n. Chr.), der erst jüdischer Feldherr, dann, von Vespasian gefangen, zum Römer wurde und in Italien die Geschichte seines Volkes schrieb. Herodes wird bei ihm als brutaler Tyrann beschrieben, der selbst den Mord an Ehefrau und Kindern nicht scheute, um seine Macht zu retten. Zugleich wird seine Baukunst verehrt. Herodes baute neue Städte wie Phasaelis bei Jericho oder erneuerte Caesarea. Dort baute er zudem einen großartigen Tempel für Rom und den Kaiser. Um seinem widersprüchlichen Doppelauftrag als Roms Vasall und König der Juden gerecht zu werden, setzte er den römischen Tempel auf ein etwa gleich großes Plateau wie das von ihm glanzvoll wiedererbaute Gotteshaus der Juden in Jerusalem. Herodes wollte das Judentum mit Rom versöhnen; doch selbst dem Wiedererbauer des Tempels brachte das Volk nur Haß entgegen. Geblieben sind Reste seiner Burgen, in denen er die Hitze der Sonne und die Kühle des Windes einzufangen verstand. Er baute schön, aber genauso sichtbar wird stets, daß Herodes überall in Angst vor Feinden lebte.

Vor Jahren ließ sich noch die Ausgrabung des Sommerpalastes in Jericho am Ende des Wadi Qelt bewundern, wo Herodes auch einige Schwimmbecken hatte anlegen lassen. Vor der Übernahme durch die palästinensische Autonomie wurde die Grabung aus Geldmangel mit Sand bedeckt. Im »verschobenen Berg« des Herodion bei Bethlehem setzte er sein Schloß in einen Hügel und schüttete noch Erde um die Mauern herum an. Dort wurde Herodes nach Flavius Josephus beerdigt. Aber sein Grab fand man nicht. Bis heute ist dies Bauwerk so eindrucksvoll wie

Herodes' Fliehburg auf dem Massadafelsen über dem Toten Meer. Die Söhne des Herodes konnten das Erbe nicht wahren. Als sich die Römer wegen des Mangels an Steueraufkommen am Tempelschatz gütlich tun wollten, brach im Frühjahr 66 n. Chr. der Krieg gegen sie aus, in dem Titus an Pessach 70 Jerusalem einkesselte und Ende August den Tempelberg einäscherte. So wie wenig später die gewaltigen Quader des Sanhedrin (Gerichts) vom Plateau auf die Straße gewuchtet wurden, um den Tempel für alle Zeit zu zerstören, so gruben die Archäologen der letzten Jahre diese Steine wieder aus – und ließen sie liegen. Der Betrachter fühlt sich um 2000 Jahre zurückversetzt.

Längst hatte Titus die Sklaven aus Palästina durch sein Triumphtor in Rom geführt, da belagerte die X. Legion noch immer Massada. Erst nach fast einem Jahr fiel die Feste im Frühjahr 74 n. Chr. Nur Flavius Josephus berichtet vom Freitod der Zeloten und ihrer Familien unter Eleasar. Yigal Yadin hat ihn in seinem rudimentären Forschungsbericht 1966 für die breite Öffentlichkeit bestätigt. Seine archäologischen Grabungen ließen eher Zweifel aufkommen. Er entdeckte Schweineknochen bei den wenigen 2000 Jahre alten Gebeinen, die er fand, und sonderte sie aus. Die »Helden des jüdischen Widerstands« wurden mit einem Staatsbegräbnis beigesetzt. Dabei handelte es sich wohl um römische Soldaten, denen wie üblich Fleisch vom Schwein ins Grab gelegt worden war. Bei Zeloten wäre unkoscheres Schweinefleisch undenkbar gewesen. Und sollten sich die frommen Zeloten tatsächlich umgebracht haben, wiewohl der Freitod zur hellenistischen Welt gehörte und von Juden verachtet wurde? Sollte es dem römischen General gelungen sein, die Soldaten von der Stürmung abzuhalten, nachdem sie endlich die Befestigung in Brand gesetzt hatten? Das klingt unwahrscheinlich.

Vielleicht brachten sich nur die Anführer um Eleazar um. Dafür sprechen gefundene Losscherben. Im übrigen aber wollte Flavius Josephus wohl den Abschied Judas aus der Staatenwelt mit Glanz versehen, was sich freilich sonderbar liest. Überall in seinem »Jüdischen Krieg« betastet Josephus die Zeloten mit Abneigung. Schließlich war vor allem ihr törichter Eifer schuld daran, daß das kleine Juda gegen eine Weltmacht in einen Krieg zog, den es verlieren mußte.

Das Christentum. Von der Sekte zur Herrschaft

Die Ausbreitung der altchristlichen Orientierung im Judentum vollzog sich rasch. Bestimmte Äußerungen Jesu führten zugleich von Anfang an dazu, das Judentum über diese Sekte zu entzweien. Die mit göttlicher Vollmacht geäußerten Worte Jesu wirkten auf die Mehrheit der Juden gotteslästerlich. So hatte das Christentum von jeher mindestens zwei Ursprünge: Es entstand zwar im Judentum, sprach aber neben Juden aus hellenisierten Kreisen vor allem die Heiden an (die späteren »Heidenchristen«). Dadurch ergaben sich zentrale Fragen. Konnte man Jesus nachfolgen, ohne wie er beschnitten zu sein und ohne wie er die Gebote der Halacha einzuhalten? Oder hatte Jesus durch die Gnade Gottes und sein Opfer den Menschen von diesen Pflichten erlöst?

Letztlich hatte Jesus die Welt mit diesem Widerspruch alleingelassen. Seine Mission richtete sich an die »verlorenen Schafe des Hauses Israel«. Zugleich aber erkannten seine Nachfolger, daß diese Botschaft einschloß, daß »alle Menschen gerettet werden und zur Erkenntnis der Wahrheit kommen«. Auch die Apostelgeschichte gibt nicht die abschließende Antwort. Dort wird der Widerspruch mehr wie im Talmud der Juden debattiert. Der Konflikt wird mit praktischen Kompromissen überbrückt, die eine Heidenmission erlauben: Man darf Christ werden, ohne vorher Jude gewesen zu sein. Diese Unklarheit in einer zentralen Frage ist allein schon ein Indiz dafür, daß den Autoren der christlichen Bibel der Bericht über Jesus und sein Zeugnis so wichtig war wie die weiterführende Theologie der Verkündigung. Zentrale Fragen, die die Theologie späterer Jahrhunderte behandelte, blieben zunächst zu Gunsten der Historie um Jesus und den Beginn seiner Gemeinde nach dem »Pfingstfest« offen.

Der Mensch Jesus

Über Jesus berichtet nicht nur die Bibel. Heidnische Autoren und jüdische Quellen wissen von ihm. Er ist für sie Mensch seiner Zeit. Der Jude Flavius Josephus schreibt über ihn in den »Altertümern«. Dieser Text wurde vermutlich später christlich »frisiert«; unverändert blieb wohl der Bericht des Josephus über den Märtyrertod von Jesu Bruder, dem ersten »Bischof von Jerusalem«, Jakobus. Der Heide Tacitus, ein bekannter zeitgenössischer Historiker, schreibt über »Chrestiani«, die Kaiser Nero für den Brand von Rom im Jahre 64 verantwortlich machte. Andere bekannte heidnische Historiker wie Sueton und Plinius nennen seinen Namen bei Berichten über diese jüdische Sekte und ihre Konflikte mit dem Staat. Der jüdische Theologe Philo in Alexandria berichtet über Pilatus und seine Todesurteile. Der pagane Philosoph Celsus vermittelte im 2. Jahrhundert in seiner Polemik gegen das Christentum, die den Titel »Wahres Wort« trug, den Eindruck, es habe zu Jesu Zeit unzählige Schwärmer und falsche Erlöser gegeben. Letztlich zählt die Wissenschaft in der Zeit des Herodianischen Tempels nicht eine Handvoll Personen, die mit einem ähnlichen Anspruch wie Jesus auftraten.

Es gibt viele Jesus-Biographien, darunter die von Juden wie Joseph Klausner (1934), auf Hebräisch geschrieben, von Schalom-Ben Chorin (1967) oder David Flusser (1968/1997). Während orthodoxe Juden gemeinhin den Umgang mit der christlichen Bibel ablehnen, fühlten sich diese zum Teil religiösen Autoren von »Rabbi Jesus« angezogen. Er spüre seine »brüderliche Hand«, schrieb Ben-Chorin. »Jesus ist für mich der ewige Bruder, nicht nur der Menschenbruder, sondern mein jüdischer Bruder.« Zu den Christen sagte der in München geborene Theologe: »Der Glaube Jesu einigt uns, aber der Glaube an Jesus trennt uns.« Die jüdischen Autoren interessierte der historische Mensch. Dagegen stand die christliche Forschung lange unter dem Eindruck von Rudolf Bultmanns »Jesus« (1926). Bultmann hielt die Überlieferung zu Jesu Leben für weitgehend unzuverlässig und setzte ihre theologische Bedeutung herab. Heute wird die historische Zuverlässigkeit der Evangelien, zum Beispiel vom Duisburger Theologen Rainer Riesner in seiner Monographie »Jesus als Lehrer« (1981), als weit höher erachtet.

Mit Scheu nähert sich die christliche Theologie dem Jesus aus Fleisch und Blut. Auch Gerd Theißen ging es wohl so. Er schrieb erst das Buch über die »Wanderradikalen« um Jesus, dann die erfolgreiche Jesus-Welt-Erzählung »Der Schatten des Galiläers«, bevor er sein Lehrbuch »Der historische Jesus« nachreichte. Der anglikanische Geistliche und deutsche Papyrologe Carsten Peter Thiede liest die Evangelien fast wie einen Bericht und schreibt auch in seinem Buch »Ein Fisch für den Römischen Kaiser« über die Zeit nach Jesus. Ihm zufolge waren wohl alle Evangelien schon bei der Zerstörung Jerusalems 70 abgeschlossen; freilich votiert die Mehrheit der Forscher für eine spätere Entstehung, allerdings noch vor Ende des 1. Jahrhunderts. Die Evangelien entstanden unabhängig voneinander, aber mit erkennbaren Bezügen zwischen ihnen. Sie wurden bald als Kodex geschrieben und nicht mehr als Papyrusrolle, womit offenbar die schnelle Verbreitung gesichert werden sollte, wie der englische Papyrologe Colin Roberts herausfand. Allerdings hatten selbst noch im 4. Jahrhundert nur wenige Haushalte eine Bibel; biblische Texte wurden durch Predigt und bildliche Darstellungen verbreitet.

Auch die Apostelgeschichte des Lukas war zunächst Bericht über die Ereignisse, danach Theologie. Anfangs wurden die christlichen Schriften einzeln verbreitet. So

Der Tiberiassee mit Blick auf den Hermon (David Roberts, 1839)

war zunächst um 180 in Karthago von »Büchern und Briefen des Paulus, eines gerechten Mannes« die Rede. Erstmals sprach der Theologe Clemens von Alexandrien zu Beginn des 3. Jahrhunderts von einem »Neuen Testament«. Dabei war der Kern dieser Schriftensammlung aus vier Evangelien und Briefen des Paulus schon Mitte des 2. Jahrhunderts als autoritative Textsammlung in den meisten Gemeinden anerkannt. Als »Kanon« wird er im 4. Jahrhundert, zuerst von einer kleinasiatischen Synode, bezeichnet, weist Christoph Markschies nach, dem eine Geschichte zu den »Strukturen des antiken Christentums» zu verdanken ist. So nahm sich das Christentum die Freiheit und ergänzte die Jahwe-Bibel durch eine Jesus-Bibel. Diese Dualität von Altem und Neuem Testament entwickelte sich freilich erst langsam. Zunächst galt die Jesus-Bibel als Interpretation der Jahwe-Bibel.
Unter der Herrschaft von Herodes Antipas (4 v. Chr. – 39 n. Chr.) hatte Jesus vor allem gelebt. Seinen Aposteln fügte dessen Nachfolger Herodes Agrippa I., der noch einmal das gesamte Reich seines Großvaters in Roms Namen regieren durfte, »Böses zu« (Apg 12, 1). Er wollte als judentreu erscheinen und hielt so zum »Mehrheitsjudentum« der Pharisäer. Jakobus, der Bruder des Johannes, wurde enthauptet. Das geschah vor Pessach 42, meint Friedrich Heyer, der eine »Kirchengeschichte des Heiligen Landes« schrieb. Weil der König sah, »daß das den Juden gefiel«, nahm er zu Pessach auch Petrus gefangen. Diese Christen störten die komplizierte Balance in einer Gesellschaft, die nur nach ihrer Besatzung römisch geprägt war. Im übrigen lebten da hellenisierte und weniger hellenisierte Juden mit anderen orientalischen Gruppen zusammen. Auf den ersten Jakobus folgte Jesu Bruder »Jakobus der Gerechte« als Vorsteher der »christlichen« Gemeinden in Jerusalem, ein streng den jüdischen Geboten folgender Asket und zugleich ein Jünger Jesu. Jakobus war wohl der erste Märtyrer in der immer härter geführten Auseinandersetzung um die Frage, wie der Mensch zur »Erlösung« finden könne. Soll man die Bibel historisch, allegorisch interpretieren oder wörtlich? Ist sie wie griechische Mythologie zu lesen und für Spekulationen offen? Welche Lesart führt zur »Erlösung«? Dieser Streit hat das Judentum bis heute so wenig verlassen wie die Christenheit. Die Theologin Petra Heldt stellt das an den Debatten im 2. Jahrhundert dar. In jenen Anfängen des noch nicht christlichen Reiches formten sich die rechtfertigenden Argumente dafür, daß mit Kaiser Theodosius am Ende des 4. Jahrhunderts erstmals religiöse Urteile durch staatliche Stellen exekutiert wurden. Damit war die mittelalterliche Inquisition angelegt.
Der erste Märtyrer – vor den beiden Jakobus – war freilich Stephanus. Noch vom späteren Apostel Paulus als Saulus verfolgt, wurde Stephanus wegen Gotteslästerei vor der Stadt gesteinigt. Dieser hellenisierte Jude hatte so sehr den Zorn seiner mitgriechischen Juden erregt, daß sie ihn vor das Oberste Jüdische Gericht, den Synhedrion brachten. In einer an der jüdischen Bibel orientierten Rede, die Lukas in der Apostelgeschichte wie ein hellenisierter Historiker nachgestaltet, warf er den vermeintlich gesetzestreuen Juden vor, sie seien »Unbeschnittene an Herz und Ohren«. Aber das beeindruckte nicht. In unruhiger Zeit, sagt Theißen, neigen die Menschen zu konservativen Werten und öffnen sich nicht für Neues, wie das Christentum. Daran sei die innerjüdische Erneuerung vor allem gescheitert. Überdies entsprach das Lebensschicksal Jesu, der am Kreuz hingerichtet wurde und also einen Sklaventod starb, in keiner Weise den zeitgenössischen Vorstellungen von einem Messias.

Wer waren diese »Christianoi«?

Die Bezeichnung »Christianoi« (griech.) taucht erstmals im syrischen Antiochien in der zweiten Hälfte des 1. Jahrhunderts (Apg 11, 26) auf als Bezeichnung nach ihrem Gründer. Ebenso nannten sich die »Herodesleute« Herodianoi. Offenbar wurde »Christus« schon nicht mehr als griechische Übersetzung von »Messias« begriffen, sondern als Eigenname. Das konnte nur Heidenchristen passieren. Im übrigen wurden die Christen auch Nazarener genannt nach »Jesus von Nazareth«, jenem Dorf in Galiläa, wo fromme Juden als »Enthaltsame« dem Messias entgegenlebten. In den sechziger Jahren war der Begriff »Christianoi« wohl schon gebräuchlich. Lukas läßt jedenfalls König Herodes Agrippa II. in Caesarea zu Paulus ironisch sagen: »Bald ist es so weit, daß du mich durch deine Überredungskunst noch zum Christen machst« (Apg 26, 29). Dessenungeachtet läßt sich – außer in der Bibel – in Kunst oder Kultur das »Christentum« bis ins 4. Jahrhundert kaum als eigene Identität erkennen, von wenigen Zufallsfunden in Rom und Syrien abgesehen. Dies wird allerdings von Franziskanern wie Raymond Pritz und Emmanuel Testa bestritten, die nach Grabungen vor allem in Nazareth bestimmte jüdische Symbole schon aus frühester Zeit als rein juden-christlich deuteten.
Das Apostelkonzil, wohl im Jahre 48, wollte die Messiaserfahrung nicht vom Judentum abgelöst sehen. Für die Jünger Jesu erfüllte sich vielmehr endlich, was Propheten wie Hesekiel vorhergesagt hatten. Das Ende aller Zeiten ging aber alle Menschen an, auch die Heiden. Sie sollten ihren Platz in der jüdischen Ordnung einnehmen können. Dafür mußten sie sich freilich der jüdischen Gemeinschaft als würdig erweisen und die »Noachidischen Gesetze« einhalten, wonach Juden und Nichtjuden an einem Tisch sitzen können. Dies in rabbinischer Tradition gewachsene Gesetz umfaßt die – auch im 3. Buch Moses (3 Mos. 17ff) genannten – sieben Vorschriften: Meidung von Götzendienst und Gottesleugnung, Verbot von Mord, Diebstahl und Unzucht, Ablehnung von Brutalität gegen Tiere und die Wahrung des Rechtsprinzips.

Blick auf Nazareth (David Roberts, 1839)

Jesus war kein Essener

In Juda, Samaria und Galiläa herrschte in der zweiten Hälfte des 1. Jahrhunderts unter dem wachsenden römischen Druck Aufruhr. Der Kaiser in Rom forderte die Anbetung seiner Statue als Zeichen der Loyalität seiner Untertanen. Getreue Statthalter wollten das durchsetzen. Zeloten und Sikarier riefen zum Kampf gegen Rom auf und empfingen wohl vor allem Jesus auf seinem Esel beim Einzug in Jerusalem mit Palmwedeln, dem Symbol für das »Freie Galiläa«. Die Tempelpartei der konservativen Sadduzäer hielt das für törichten Selbstmord und wollte ausgleichen. Die Pharisäer als Mehrheit, ihnen hätte sich wohl auch Jesus angeschlossen, wollten alles vermeiden, was den Zorn der Römer heraufbeschwören konnte. Auch gab es Außenseiter in der Wüste. Dort lebten zum Beispiel die Essener am Nordufer des Toten Meeres mit ihren Familien in einer strengen, klösterlichen Gemeinschaft. Ihr asketisches Leben entsprach dem von Johannes dem Täufer. »Die Kinder des Lichts« radikalisierten die jüdischen Gesetze. So stiegen sie vor jedem Essen in das rituelle Tauchbad, um »spirituell rein« zu werden. Zuvor legten sie sich Buße und Besserung auf, so wie Johannes stets die »Umkehr« zum rechten Weg predigte.

Es mag Kontakte zwischen Johannes und den Essenern gegeben haben; aber die Vermutung, in der Qumran-Bibliothek seien Teile der Evangelien nachzuweisen, ist unwahrscheinlich, sagt Klaus Berger. Die Textfunde spiegeln eine in sich gekehrte Gruppe. Es muß so schon verwundern, daß sich bei einer so streng-jüdischen Sekte überhaupt ein paar griechische Texte fanden. Das deutet darauf hin, daß die Juden Jerusalems – wie sonst in der Diaspora – von der allgemeinen hellenistischen Kultur geprägt waren. In einem Schnipsel – ein paar Zeilen und wenige Buchstaben – aus der Qumran-Bibliothek wollen manche das Markus-Evangelium wiedererkennen. Aber das scheint Spekulation. Jesus stand den Essenern fern; er feierte nach dem üblichen Kalender und neigte nicht dazu, die Religionsgesetze zu radikalisieren. Er lehrte die liebende Zuwendung Gottes zu den Sündern, die Buße tun.

Essener lebten auch in Jerusalem. In ihrer Umgebung hätten Jesu Mutter Maria und die übrigen Nazarener gewohnt, sagt der Benediktiner Bargil Pixner von der Abtei Dormitio Mariae. Eisenzeitliche oder hasmonäische Mauer- und Torreste bei der Abtei auf dem Zionsberg bestimmt er als das »Essener-Tor« nach Flavius Josephus. Das ist kaum zu beweisen, aber die Tradition des Pfingstwunders auf dem Zionsberg stammt aus der Antike. Eine Mutterkirche – zunächst mehr Synagoge als Kirche – wird beim Raum des Abendmahls angenommen. Im übrigen gingen die ersten »Christen« in den Tempel und hielten den synagogalen Dienst bei. Bald fügten sie dem jüdischen Ritus die Taufe und das Abendmahl hinzu, so wie es ihnen Jesus beigebracht hatte. Die jüdischen Feiertage blieben gewahrt, erhielten aber einen neuen Inhalt. Die jüdische Ordnung der irdischen Welt mit sieben Wochentagen wurde ergänzt und überhöht durch eine neue Ordo mit einem messianischen Kalender, wie Alexander Schmemann darstellt. An den siebten Tag der Woche schloß sich ein »achter« an, der bis dahin heidnisch geprägte Sonnentag wurde zum Tag des Himmels für Taufen und das Abendmahl. Dabei wuchs der Gegensatz zwischen Juden- und Heidenchristen. Diese meist griechisch geprägten Gruppen stellten bald Mehrheitsansprüche und forderten im 2. Jahrhundert, so beim Konzil von Caesarea 196, Ostern nicht mehr mit Pessach am 14. Nissan, sondern an einem Sonntag zu feiern. Die Ablösung des Ostertermins aber wurde erst unter Kaiser Konstantin 313 Gesetz.

Ist Jerusalem »erledigt«?

Es ist nicht nachweisbar, ob die frühen Christen Stätten von Jesu Leid und Leben besuchten; aber die Tradition dieser Orte wurde bewahrt. Als »Jakobus der Gerechte«, ein strenggläubiger Jude und Nachfolger Jesu, um 62 n. Chr. durch den Hohen Rat als Gesetzesbrecher von den Zinnen des Tempels heruntergestoßen und mit einem Walkerholz erschlagen wurde, begann wahrscheinlich der zweite Exodus der Urchristen, nachdem schon hellenisierte Christianoi nach der Steinigung des Stephanus Jerusalem verlassen hatten. Frühe Kirchenhistoriker sagen, daß die Gemeinde aus dem von den Römern belagerten Jerusalem im Jahre 70 n. Chr. nach Pella zur »anderen« heidnischen Seite des Jordan geflohen sei; dies wird gelegentlich in Zweifel gezogen. Wohl aber tauchten viele in Caesarea unter, wie Nachrichten über eine bedeutende Gemeinde dort im 3. Jahrhundert vermuten lassen. Auch in Bet Shean, was in griechischer Zeit Skythopolis hieß, werden christliche Flüchtlinge vermutet. Mit der Zerstörung des Tempels 70 n. Chr. war allen Juden das Zentrum genommen. Die herrschende Glaubensgemeinschaft der Pharisäer formierte sich in Yavne, bei Jaffa, mit einem neuen Synhedrion wieder. Sie schloß alle nichtpharisäischen Gruppen aus. In dem »Achtzehnfürbittengebet« wurde eine Fluchformel für alle »Minäer«, alle jüdischen Mindergruppen, aufgenommen, auch für die Nazarener. Teile der Jesusgruppe kehrten möglicherweise nach Zion zurück. Sie wurden bis zu Hadrian (117–138 n. Chr.) von judenchristlichen »Bischöfen« geführt. Als dieser Kaiser den letzten jüdischen Aufstand unter Simon Bar-Kochba 135 niedergeschlagen hatte, war Jerusalem vollends zerstört. »Wenn das Stroh sein Korn hergegeben hat, ist es wertlos«, schrieb darum der griechische Kirchenvater Irenäus eine gute Generation später verbittert über eine Stadt, die an Heiden zurückgefallen war. Wahrscheinlich war der Bar-Kochba-Aufstand ein Protest gegen die Pläne Hadrians gewesen, das jüdische Zion durch die heidnische Siedlung Aelia Capitolina zu ersetzen. Auf seiner Orientreise vor dem Aufstand hatte Hadrian beschlossen, die Ruine des Herodes mit einem Jupitertempel zu überbauen, leitet Benjamin Mazar aus der Römischen Historie des Cassius Dio und aus Münzfunden ab. Mit einer Zentralachse, dem Cardo Maximus, und Seitenstraßen entstand die Stadt, wie sie auf der ältesten Landkarte unseres Verständnisses in einer Kirche im jordanischen Madaba im 6. Jahrhundert als Mosaik festgehalten wurde und noch heute nachvollziehbar ist. Warum aber zog Hadrian neue Stadtgrenzen? Warum legte er gerade an einer bisher jenseits der Mauer liegenden Stelle eine Terrasse an und setzte darauf den Tempel für die römischen Dreigötter und davor das Forum? Sollte unter dem Plateau eine frühchristliche Kultstätte verschwinden? Oder war das einfach praktisch? Immerhin legten römische Militärs ihre Städte mit Meßinstrumenten an. Am Schnittpunkt zweier Hauptstraßen lag gemeinhin das Hauptheiligtum. In Jerusalem war das nur geringfügig anders.

Daß Konstantins Architekten um 326 nicht nur die Tempelruine schleiften, sondern darunter gruben, das vermeintliche Grab Jesu fanden und die Grabes- und Auferstehungskirche darüber setzten, könnte darauf hindeuten, daß das Wissen um Jesu Todesstätte 300 Jahre lebendig geblieben war. Martin Biddle, Fachmann für das »Grab Christi«, kann allerdings nur mit knappen Hinweisen der Kirchenhistoriker Eusebius und Hieronymus aufwarten: ihr »verwischtes Wissen« mache aber keine Kausalitäten deutlich. Carsten Peter Thiede bietet hingegen Indizien, nach denen die Kaisermutter Helena tatsächlich das Kreuz Jesu am Ort des Geschehens wiedergefunden habe. Ein Teil vom Querbalken mit dem »Titulus Crucis«, mit Jesu Namen und »Verbrechen«, soll sie nach Rom gebracht haben, wo es in der Kirche Santa Croce in Gerusalemme aufbewahrt werde. So mag die Tradition des Platzes von Kreuzigung und Grab bis ins 4. Jahrhundert lebendig geblieben sein.

Zunächst aber war Jerusalem 70 n. Chr. durch die Zerstörung des Tempels für alle – auch christlich-jüdischen – Gruppen »erledigt«, hatte der »Friedensmann« Irenäus geschrieben. Zwar konnten sich unter Hadrian wieder Menschen in Jerusalem niederlassen, die sich Christen nannten aber nie Juden gewesen waren; nichtbeschnittene Bischöfe standen diesen Gruppen vor. Aber die Zentrale der Juden war Yavne geworden und Alexandria geblieben. Am Nildelta sammelten sich auch bald viele Christen. Geistige Hauptstädte wurden Antiochien oder Smyrna, Nisibis und Edessa in Kleinasien und natürlich Rom. Palästinas Herz schlug in Caesarea. Dort wohnten wohl 100 000 Menschen. Herodes' Werk hatte diese Stadt zum »Alexandria in Palästina« werden lassen: weltoffen, international und solange tolerant, wie sich der römische Prokurator nicht angegriffen fühlte. Hier taufte Petrus den römischen Centurion Cornelius und seinen Clan und sanktionierte so die Missionierung von Nichtjuden. Vor allem in diese Stadt mit ihrem Hafen waren die Hellenisierten um Philippus nach Stephanus Steinigung geflüchtet. Paulus mußte sich hier vor seiner Einschiffung nach Rom König Herodes Agrippa II. stellen. Als Flüchtling kam 211 n. Chr. erstmals und um 230 n. Chr. für immer Origenes (ca. 185 – ca. 253 n. Chr.), der Vater der Theologie als Wissenschaft, von Alexandria nach Caesarea. Er richtete – nach dem Vorbild des »Museums« von Alexandria – eine Hochschule ein, die Philosophie und Christentum zu versöhnen suchte. An dieser Hochschule sollten Christen Theologie studieren, allerdings erst, nachdem sie ein Studium Generale absolviert hatten. Origenes bemühte sich, biblische Wahrheit vor dem Hintergrund zeitgenössischer Philosophie zu verstehen. Origenes wurde zu einem ersten christlichen Bibelexegeten mit Kommentaren zu fast allen biblischen Büchern, die seine Predigten vorbereiteten. Stenographen hielten seine Predigten in den bürgerlichen Privathäusern fest. Origenes war außerdem ein Philologe: Seine »Hexapla« stellte neben die hebräische Bibel verschiedene griechische Fassungen, um auf diese Weise die Zuverlässigkeit der griechischen Übersetzung zu prüfen.

Verfolgung und Aufschwung des Christentums

Im 3. Jahrhundert wurde das Römische Reich zunehmend durch eine wirtschaftliche und politische Krise erschüttert. Der Staat konnte so die Pensionen und Löhne nicht mehr zahlen und dementsprechend seine Außengrenzen nur noch schwer verteidigen. Darum versuchten die Kaiser, das Reich durch diverse Maßnahmen zu sanieren. Unter anderem bekämpften sie Menschen, die sie als Reichsfeinde im Inneren empfanden. Kaiser Diokletian (284 – 305 n. Chr.) leitete Anfang des 4. Jahrhunderts nicht nur eine energische Reichsreform ein, er ging auch als schlimmster Christenverfolger der Antike in die Geschichte ein. Während der Verfolgungen in Palästina nach der Säuberung der Armee von Christen arbeitete der Theologe Eusebius (etwa 260/65 – 339 n. Chr.), ein Enkelschüler des Origenes, in Caesarea an seiner frühen »Geschichte der Kirche«. Jakob Burckhardt nannte Eusebius einmal einen »durch und durch unehrlichen Historiker«. Dieses Urteil ist revidiert. Freilich ging es Eusebius nicht um moderne Geschichtsschreibung; mindestens so wichtig war ihm der Nachweis, daß sich das Christentum der Mehrheit trotz Verfolgung und »Häresie« theologisch konsequent und rein entwickelte. Sein Buch »Über die Märtyrer in Palästina« war Ausdruck der Vorstellung, zu einer »Märtyrerkirche« zu gehören. Eusebius beendete seine Kirchengeschichte mit der Konversion Kaiser Konstantins (306 – 337 n. Chr.). Anhand der Memoiren des Kaisers schrieb er dessen »Leben« nach der Tradition einer antiken Lobrede und wurde darum jahrhundertelang als Hofbischof diskreditiert.

Jerusalem, Eingang der Grabeskirche (David Roberts, 1839)

Trotz der Verfolgungen erstarkte das Christentum in den Städten. In Zentren voll sozialer Spannungen hatten Christen bessere Chancen mit ihren Ideen von Nächstenliebe und Versöhnung. Auf dort gewachsene Strukturen konnte Konstantin bei seiner Reichsreform aufbauen, weist Gerd Theißen nach. Nach seinem ersten Reichskonzil in Nicäa 325 ließ der Kaiser die ersten drei öffentlichen Kirchenbauten beginnen. In Bethlehem entstand die Geburtskathedrale, in Jerusalem die Grabes- und Auferstehungskirche und auf dem Ölberg eine Himmelfahrtsbasilika. Erst nach dem Baubeginn kam Konstantins Mutter ins Land. Die Erzählung, sie habe die heiligen Plätze wiederentdeckt und auch Jesu Kreuz, wurde erst unter Justinian zwei Jahrhunderte später in Umlauf gebracht. Aus dem »Gelobten Land« der Juden wurde das »Heilige Land« der Christen.
Auch wenn unter vielen Theologen das Pilgerwesen verpönt blieb – schließlich gelangte der Heilige Geist auch nach Kappadokien, schrieb der dortige Bischof Gregor von Nyssa –, strömten Pilger in das Brückenland. Viele blieben. Längst bestimmten Ortsfremde die Entwicklung der Kirche: Syrer, Georgier, Armenier und selbst Gallier. International entwickelte sich das »Paradiesgärtlein«, wie der Mönch Johannes Moschos um 580 die Wüste Judäas mit all ihren Klausen und Klöstern bezeichnete. Diese Fremden brachten auch ihre Konzepte von Heiligkeit mit und versuchten, die Orte, von denen die Bibel berichtete, wiederzufinden, um dort Kultplätze zu errichten. Plötzlich erschien das Land bestückt mit heiligen Orten, die an Geschichten aus beiden Bibeltestamenten erinnerten. Der Pilger von Bordeaux um 333, dessen Namen wir nicht kennen, der aber von seiner Heimat bis Zion nicht eine Grenze überwinden mußte, die Nonne Egeria um 380 und andere fromme Frauen wie Paula, Eustachia oder Melania entdeckten heilige Stätten neu. So ist das von nationalistisch-orthodoxen Juden umkämpfte Grab des Joseph in Nablus eine byzantinische »Neuerfindung«. Ähnlich verhält es sich mit dem Grab

der Erzmutter Rachel bei Bethlehem, das Konstantin ausbauen ließ. Abrahams Hain bei der Terebinthe (Eiche) von Mamre (1 Mos. 14, 13) in der Nähe von Hebron wurde zeitweise gemeinsamer Kultplatz von Heiden, Juden und Christen, weist Arieh Kofsky nach, auch wenn Konstantin das verbieten wollte, denn dieser heilige Ort hatte schon eine kultische Vorgeschichte, bevor ihn die Christen entdeckten.

Pilger und Mönche – Hierarchie und Einsamkeit

Wichtige Ziele der Pilger waren weniger die Kirchen; sie gehörten zum Pflichtpensum und wurden in den Pilgerberichten wenig ausführlich beschrieben. Die meisten monastischen Pilger, schreibt die Historikerin Vera von Falkenhausen, strebten zu den »Heiligen Vätern und Müttern« in die Wüsten. Es entstanden zwischen Gaza und Totem Meer etwa 170 Klöster; die meisten wurden von Kyrill von Skythopolis Mitte des 6. Jahrhunderts bleibend beschrieben. Mit Hilarion, dem Missionar der Nabatäer, in Gaza und Chariton bei Jerusalem kam um 330 das Leben in klösterlicher Gemeinschaft auf. Christoph Markschies berichtet darüber. In diesen Jahren nahmen wohl zum ersten Male Asketen Schüler (Novizen) auf. Aus den Einöden der Anachoreten wurden Zentren mönchischen Lebens. Zunächst entwickelten sich Lauren. Laura heißt auf griechisch Pfad und bezeichnete die Verbindungswege zwischen den Einsiedeleien, die man bis heute nachgehen kann. En Pharah des Chariton im Wadi Qelt bei Jerusalem gehört heute der auslandsrussischen Orthodoxie. Charitons zweite Klostergründung, die »Alte Laura«, ist das griechisch-orthodoxe »Kloster der Versuchung« oder »Quarantal« über Jericho, wo seit der Wiederbesiedlung im 19. Jahrhundert Mönche leben.

Die Einsiedler blieben unter der Woche »monachos« (allein), mit etwas Brot und Wasser in Höhlen und Hütten. Am Freitag versammelten sie sich in der Laura, um mit ihrem geistigen Vater Gottesdienst zu feiern. Oft gab es nur dort einen Priester, der mit ihnen die Kommunion feiern konnte. Generationen später verwandelten sich manche Lauren in Klöster. Das gemeinschaftliche Leben (Conoebium) wurde von einer Mauer umgeben, ähnlich wie später in Europa. Jungen Anwärtern »ohne Bart« sollten sie einen Ort der Vorbereitung gewähren oder alten Vätern ein beschützteres Leben bieten. So kam Mar Saba aus Kappadokien, einer der wichtigsten Mönche Palästinas, von seinen Eltern zum Mönchstum bestimmt, erst im Kloster des Theoctistus unter, bis er »reif für die Wüste« war, für die Einsamkeit und ein Leben unter wilden Tieren und Dämonen, wie es hieß. Dort lebte er elf Jahre in Askese. 483 gründete Mar Saba nach einer Eingebung die »Große Laura« Mar Sabas im Kidrontal östlich von Bethlehem, die seither ununterbrochen bewohnt ist. In der Hauptkirche von Mar Sabas liegt der unverweste Leichnam des 532 gestorbenen Heiligen hinter Glas. An seiner Person lassen sich typische Züge byzantinischen Mönchtums nachzeichnen. Die Wüstenväter standen oft der kirchlichen Hierarchie der Städte feindlich gegenüber. Da Bescheidenheit und Demut eine der höchsten Werte ihres mönchischen Lebens waren, wollten sie nur ungern zum Priester geweiht werden und Verantwortung tragen. Viele kamen – anders als Mar Saba – aus führenden Familien des Reiches und waren gebildet. Darum ging es ihnen als »erwachsener« Mönch nicht mehr um die sie verleitende Bildung, sondern um Geistes- und Herzensstärke als Waffen gegen jede Versuchung.

Im Widerstreit zwischen Hierarchie und Klosterwelt, Bischöfen und Mönchen, wuchs die Theologie, formten sich Liturgie und ostkirchliche Spiritualität. Die Einsiedler, die dem Kontakt zu den Mitmenschen auswichen, wurden gleichwohl

Ratgeber und wirkten für die antike Gesellschaft wie heute ein »Ombudsmann«. Das galt für Säulenheilige wie Simeon in Syrien im 5. Jahrhundert und für palästinensische Mönche, die ihrer Umwelt nicht entkamen, hat Leah Di Segni nachgewiesen. Sie waren vielmehr wie »Leuchttürme« im Sturm. Mar Saba konnte sich dem Wunsch seines Patriarchen in Jerusalem nicht entziehen; er wurde zum Priester geweiht, schließlich Groß-Archimandrit (Erzabt) aller Einsiedler Palästinas. Der Patriarch sandte ihn sogar in dringender Angelegenheit zweimal zwischen 511 und 531 zum Kaiser nach Byzanz. Immer wieder ging es um Religionspolitik oder um die Samaritaner. Die hatten gegen Kaiser Justinians Religionsgesetze von 528 zum Aufstand aufgerufen. Die Entschlüsse der ersten sieben »katholischen«, also umfassenden Konzile von Nicäa (Türkei) 325 bis Nicäa 787 formten den Kanon der griechischen Orthodoxie, sind aber auch für die westliche Kirche bis heute bestimmend, teils sogar verbindliche Lehre. Einschneidend war die vierte Kirchenversammlung 451 in Chalcedon. Ihre Beschlüsse führten wegen der staatlichen Interventionen gegen Christen, die sich dem Beschluß des Konzils nicht beugen wollten, zu blutigem Streit; mit ihnen festigte sich die Ablösung der Nationalkirchen Syriens, Ägyptens (Kopten) und Äthiopiens von der Kaiserkirche. Die Armenier waren schon früher ihren eigenen Weg gegangen.

Kirchenstreit und das Ende der Nazarener

»Monophysitisch« nannte man bisher diese sich abspaltenden Kirchen, weil sie den göttlichen und menschlichen Anteil in Jesus so eng miteinander verbanden, daß sie ihm nur eine einzige Seele (griech. physis monä) zuschrieben, während das Konzil von Chalcedon die volle Menschheit und Gottheit Jesu betonte und daher von zwei Seelen redete. Während es den einen auf die Einheit der Person Jesu ankam und sie eine schizophrene Spaltung vermeiden wollten, befürchteten die anderen, der Mensch Jesu werde zum Halbgott verzeichnet. Durch ökumenische Gespräche bis in unsere Tage ist deutlich geworden, daß sich beide Ansichten nicht ausschließen müssen, sondern in Kombination dem biblischen Christusbild gerecht werden. Hat man sich das klargemacht, verliert die Frage nach der Zahl der Seelen Jesu an Bedeutung. Daher läßt sich nach den heutigen Annäherungen zwischen Griechen und Syrern oder zwischen Kopten und Katholiken der damals mit Heißblut geführte Streit um Jesu Wesen vernachlässigen. In Chalcedon wurde die – Ostrom und Westrom gemeinsame – Formel dogmatisiert: »Christus ist *eine* Person in zwei Naturen, unvermischt und unverwandelt (gegen Monophysiten), ungeteilt und ungetrennt (gegen Nestorius), nach seiner Gottheit vom Vater ewig, nach seiner Menschheit zeitlich von der jungfräulichen Gottesgebärerin.«
Zugleich begann 451 auch die Ablösung Roms. Das Konzil gab dem Patriarchen von Konstantinopel dieselben Rechte wie dem römischen Bischof, welchem nur noch ein Ehrenvorrang als Petrusnachfolger blieb. Sprachlich lebten sich beide, Ost und West, auseinander. Latein wurde im Westen, griechisch im Osten gesprochen. Rom war durch die Bedrohung der Goten nach Europa orientiert, Konstantinopel sah nach Kleinasien. Schon in den dreißiger Jahren hat der Gelehrte Anton Baumstark auf die verschiedene Denkungsart in Ost und West in bezug auf Ethik, Praxis und Mystik hingewiesen. Solche schroffen Schematisierungen sind heute umstritten, zumal die Anlässe der Entfremdung vielfach trivial waren. Mißverständnisse und Neid taten ein übriges. Während Jerusalems Bischof in Nicäa 325 nur einen Ehrenrang erhalten hatte und noch dem Erzbischof von Caesarea unterstellt blieb, wurde in Chalcedon 451 Jerusalems Bischof zum Patriarchen erhoben, dem Caesarea und Bet Shean unterstellt wurden.

Zu Ende ging im 5. Jahrhundert auch die Geschichte der Judenchristen. Dazu ein Exkurs zurück: Mit dem Bau der Grabeskirche 326 wurde die »Mutterkirche« oder »Kirchsynagoge« des Pfingstfestes auf dem Zionsberg zweitrangig. 382 diffamierte der kaiserliche Abgesandte und Bischof Gregor von Nyssa diese »Hebräer« in Jerusalem als »Feinde Gottes«. 385 geriet die »Mutterkirche« auf dem Zion auch noch in den Schatten einer kaiserlichen Basilika. In Antiochia predigte Johannes Chrysostomos zwischen 386 und 387 in acht – von etwa 1000 erhaltenen Predigten – gegen Juden und Judenchristen, die als ein Drittel in seiner Stadt für ihren Wohlstand und Reichtum sorgten. Längst war offiziell die Beschneidung verboten. Allein die Taufe war erlaubt. 399 wurde das Autonomiegesetz für Synagogen außer Kraft gesetzt, 418 jüdische Soldaten entlassen. Die »Hebräer« zogen sich in Ghettos zurück. Die »Zwei-Naturen-Definition« Jesu war ihnen fremd. Da diese Formel aber auch bei den orientalischen Kirchen auf Widerstand stieß, konnten sich die verbliebenen Nazarener im allgemeinen Kirchenstreit nach Chalcedon unter den »Monophysiten verstecken«.

Heute wissen wir, daß die meisten kaiserlichen Dekrete nicht in alle Reichsteile vordrangen. Niemals hatten wohl alle Juden das Land verlassen. Sie seien schon bald nach der Vertreibung durch Hadrian im 2. Jahrhundert wieder nachweisbar, heißt es. Origenes und Eusebius in Caesarea führten nicht nur Dispute mit Juden, sondern lernten auch von rabbinischen Gelehrten und übernahmen Ergebnisse der jüdischen Bibelexegese. Angeblich hatte Konstantin nur am Trauertag für die Zerstörung des Tempels den Juden einen Zutritt zur Stadt erlaubt. Doch dies Dekret wurde erst 935 erwähnt. Vielmehr berichtete der Pilger von Bordeaux 333 über eine Synagoge in der Stadt. Hieronymus in Bethlehem muß im 4. Jahrhundert Kontakte zu Juden gepflegt haben. In Grotten unter der Geburtskirche wird bis heute der Ort gezeigt, an dem Hieronymus die griechische Bibel, die Septuaginta, in die heute bei Katholiken verbindliche lateinische Fassung, die »Vulgata«, übertrug. Er gründete 389 ein Kloster in Bethlehem. Bei ihm stellte der Theologe Ralph Hennig die in jener Zeit offenbar typische Mischung fest: Tiefe Kenntnis der rabbinischen Tradition ging mit antijüdischen Vorurteilen einher. Allmählich blieben in der Kirchengeschichte nur noch diese Vorurteile über. Sie führten zu dem Antijudaismus, den erst Johannes Paul II. über seine katholische Kirche hinaus mit seiner Pilgerreise ins Brückenland, mit der Rückkehr des westkirchlichen Oberhaupts an den Platz des heiligen Geschehens, im März 2000 symbolisch beendete.

Reich und Christentum

Oft wird von der »byzantinischen Reichskirche« gesprochen, die von Kaiser Konstantin bis zum ersten Schlag durch die persischen Sassaniden 614 und dem zweiten durch die muslimischen Omaijaden 638 einheitlich vom Kaiser gelenkt wurde. Tatsächlich entwickelte sich die Geschichte vielfältiger. Regionale Unterschiede blieben groß. Es gab tiefe Brüche zwischen den verschiedenen Kirchen und Bischofssitzen, bischöfliche Unterdrückung und mönchische Gewalt. Andererseits verband das Reich vom 4. Jahrhundert an ein einheitlicher Bibelkanon. Wichtig waren auch immer wieder Persönlichkeiten, die – von erstaunlicher Mobilität – ein Netz der Gemeinsamkeit spannten. Das begann mit den Aposteln und führte dazu, daß schon vor Konstantin die Christianisierung weit vorangeschritten war. Konstantin unterschrieb wohl nur noch die Ergebnisse eines Epochenwandels. Die von dem deutschen Archäologen Karl-Heinz Fleckenstein betriebene Ausgrabung von Emmaus-Nikopolis an der Straße zwischen Tel Aviv und Jerusalem am Beginn der judäischen Berge ist nicht nur der Schauplatz, wo sich der auferstandene Jesus den beiden Jüngern gezeigt haben soll (Lk 24, 13–15). Diese Stadt wurde – so Markschies in seinem Beitrag zur »Ausbreitung des Christentums« – von dem Universalgelehrten und mit vielen führenden Köpfen des Reiches von Konstantinopel bis Edessa, von Alexandria bis Rom vertrauten Sextus Julius Africanus zu Beginn des 3. Jahrhunderts ins Christentum geführt. Der Freund von Origenes wurde später als Bischof von Nikopolis bezeichnet. Das war er wohl nie. Aber seine Bildung und sein enzyklopädisches Werk machten ihn zum Vorbild. Weil er Christ war, brachte er Emmaus schon vor der Zeit Konstantins den Aufschwung zum kaiserlichen Nikopolis. Markschies sind auch Überlegungen zum Leben der Christen in Familie und Gemeinde in solchen Orten zu danken: unauffällig, bürgerlich. Aber auch attraktiv, denn es verband sich der mehr rational, vom Judentum geprägte Gottesgehorsam mit der gestillten Sehnsucht nach Harmonie und Festen. Das Christentum war modern: es stabilisierte die Macht. Es einte das Reich, es stärkte das Individuum und seine Wirtschaftskraft und wurde ein frühes Modell für soziale Gerechtigkeit.

Der Islam übernimmt die Macht

Ein besonders heiliger Berg im Brückenland ist der Gerizim bei Nablus. Den Samaritanern zufolge und manchen Alttestamentlern sollte Abraham auf diesem 881 Meter hohen Berg seinen Sohn Isaak geopfert haben und nicht auf dem Moriah beim späteren Jerusalem. Für die Samaritaner blieb der Gerizim durch alle Zeit der Platz ihres Pessachopfers, wo sie nach ihrem Kalender im Frühling in den weißen Gewändern der Unschuld Lämmer schächten und in Gruben voller Holzkohlenglut garen. »Noch in derselben Nacht« muß das Fleisch unter der Gemeinde aufgeteilt und gegessen werden. Dieses Ritual erinnert an jenes Judentum, das noch ohne den zentralen Tempel in Jerusalem Pessach feierte, so wie es Jahwe in den Büchern Moses fordert (2 Mos. 12, 5–21; 5 Mos. 16, 2ff). Der Gerizim ist in der Geschichte nie vom Tempelberg in Jerusalem vollends »verdrängt« worden. Vielmehr läßt sich am Beispiel dieser Anhöhe zeigen, daß der spirituelle Glanz von Jerusalem vor allem Erfolg eines literarischen Produktes ist, nämlich der Bibel und ihrer Wirkungsgeschichte. Die Historie konzentrierte sich nicht so eindeutig auf Zion.

Das Beispiel Gerizim – Kontinuitäten und Brüche

»Einmal heilig – immer heilig.« Dieses Motto läßt sich gewiß am Beispiel des Tempelbergs darstellen, wo seit etwa 1400 Jahren, zuerst mit den muslimischen Omaijaden, der Haram al-Scharif die Herrschaft des Islam dokumentiert. Weniger bekannt ist die Geschichte des Gerizim, wo auch die dritte Religion des Brückenlandes auf den Ruinen der älteren das jüngste Baudenkmal errichtete, freilich ein wenig wichtiges. Auf dem nordöstlichen Turm der byzantinischen Kastellanlage wurde im 13. Jahrhundert das Grabhaus für einen muslimischen Heiligen und Freund des Sultans Saladin gebaut. Aber das ist das Ende der Geschichte. Sie begann auf dem Gerizim mit einem Bergheiligtum für El. Als 720 v. Chr. das Nordreich Israel von den Assyrern eingenommen worden und seine Elite ins Exil geführt worden war, blieb die Mehrheit der Bevölkerung zurück. Diese Verbliebenen wurden wohl allmählich zu den Samaritern, die Nehemia und Esra nach dem Ende der Babylonischen Gefangenschaft durch Perserkönig Kyros 539 und dem Wiederaufbau des Tempels 520 aus dem Verband der Judenheit ausschließen wollten. Ein Oberpriester, der sich den neuen strengen Gesetzen nicht beugen und sich auch nicht von seiner samaritanischen, also nicht streng jüdischen Frau trennen wollte, soll daraufhin nach Samaria ins Exil gegangen sein und eine Kopie des salomonischen Tempels auf dem Gerizim errichtet haben.

So wuchs zu achämenidisch-persischer Zeit im 5. Jahrhundert v. Chr. ein Tempel, von dem noch heute Mauerreste unter dem Fundament der byzantinischen Maria Theotokos erhalten scheinen. Während der perserzeitliche Tempel des Esra von Jerusalem nicht mehr nachweisbar ist, blieben mithin Reste des »Gegenbaus« auf dem Gerizim erhalten. Wahrscheinlich kehrten die Juden nur langsam aus dem

Nablus, das alte Sichem, mit dem Gerizim (David Roberts, 1839)

Exil in Babylon zurück. Die Mittel für den Jerusalemer Tempel flossen kärglich. Der Jerusalemer Wiederaufbau dürfte ärmlicher ausgefallen sein als der Bau der Samariter. Die nämlich hatten ihr Land nie verlassen müssen, und das war zudem fruchtbarer und ertragreicher als Juda. Von diesem Samaritertempel berichtet die aus judäischer Sicht geschriebene Bibel nicht. Die Samariter überlebten die römische Zeit. Hadrian errichtete zu Beginn des 2. Jahrhunderts n. Chr. auf dem Gerizim einen Jupitertempel, bei dem er vielleicht Steine des Samariterheiligtums verwandte, aber er überbaute es nicht. Noch in der byzantinischen Epoche waren die »Samaritaner« so stark, daß sie weiter auf dem Gerizim beten konnten. Erst 484 raubte Kaiser Zeno ihnen den Berg für das Christentum und überbaute das Gotteshaus der Samaritaner. Seine oktogonale Memorialkirche wurde von Kaiser Justinian 529, dem zweitwichtigsten Bauherrn der byzantinischen Epoche im Brückenland, mit einem Kastell gegen die Samaritaner umgeben.

Samaritanerkämpfe und Perserstürm

In jenem Jahr 484 begann der Kampf der Samaritaner gegen den Verlust ihrer Autonomie und ihres Heiligtums. Ihr Aufstand 529 führte Erzabt Mar Sabas als Fürsprecher der Christen gegen die Samaritaner nach Konstantinopel, denen der Kaiser lange ein Ohr geliehen hatte. Am Ende richtete Kaiser Justinian ein Blutbad unter den Samaritanern an. Der Gerizim mit seiner Festung blieb christlich, und das offenbar auch über den Sturm der Perser 614 und Araber 638 hinaus. Die Christen konnten wohl bis ins 10. Jahrhundert die Kirche auf dem Gerizim wahren; danach zerfiel sie, weil die Gemeinde der Christen in Neapolis (Nablus) erlosch.

Im Blick zurück gliedert sich die Historie des Brückenlandes in Brüchen. Die Zeitgenossen aber werden nicht immer so empfunden haben. Anders beim Persersturm: Um das Jahr 500 hatten sich arabische Stämme um den einflußreichen Clan der Ghassan nach ihrer Niederlage dem Kaiser in Konstantinopel unterworfen. Diese Ghassaniden wurden für ein Jahrhundert die Polizei des Kaisers im Brückenland. Vor allem rangen sie die Samaritaner nieder und bildeten einen schützenden Gürtel gegen das Reich der persischen Sassaniden. Diese arabischen Stämme waren Christen; aber sie gehörten zu jenen – »Monophysiten« genannten – Gruppen, die sich nicht zum Credo des Konzils von Chalcedon bekannten, das der Kaiser in seiner Residenz ausgerichtet hatte. Sie wandten sich, je stärker die Reichskirche herrschen wollte, um so mehr vom Kaiser ab und lösten sich auch vom Kaiserdienst. Das machte – nach der Ermordung von Kaiser Phocas und der Thronbesteigung des Heraclius (610) – den erfolgreichen Einfall der Perser unter Chosrau II. möglich. Juden und wohl auch die verbliebenen Nazarener, Samaritaner und monophysitische Gruppen begrüßten die Perser im Brückenland mit Jubel. Über Antiochia (611), Damaskus (613), Caesarea, das nur noch einmal unter den Kreuzfahrern eine kurze Blüte erleben sollte, und Lod/Lydda – die Heimat des Heiligen Georg – zogen die Perser bis nach Jerusalem und umstellten den Patriarchensitz im Frühling 614. Einige Christen flohen nach Jericho, um von der byzantinischen Garnison Hilfe zu holen. Aber die konnte nicht helfen. Nach drei Wochen Belagerung fielen die Tore. »Mehr als 60 000 Menschen, darunter Frauen und Kinder, wurden niedergemacht«, berichtet Antiochos Strategos in seiner Geschichte zur »Eroberung Jerusalems«. Allein der »tugendhafte Thomas« und seine Frau hätten 33 000 Tote beerdigt, weiß er. Arbeitstüchtige Bürger wurden nach Persien versklavt.

Der Einfall der persischen Sassaniden war brutal und unberechenbar. Mordend und raubend zogen die Söldner umher und metzelten selbst Mönche nieder. Das St. Georgskloster im Wadi Qelt und Mar Sabas bewahren bis heute Gebeine der Opfer. Warum aber die eine Kirche niedergebrannt und eine andere verschont wurde, ist unersichtlich. Bethlehems Geburtsbasilika hätten die Perser nicht angerührt, heißt es, weil sie auf Säulen Abbilder der »Drei Weisen« von der Jesuskrippe in ihrer persischen Tracht gesehen hätten. In Jerusalem ist nur die Zerstörung der Grabes-, der Zionsbergkirche und der Himmelfahrtrotunde auf dem Ölberg belegbar. Die Perser verließen die Stadt spätestens 627 und übergaben der jüdischen Gemeinde das Stadtregiment. Die Christen konnten wieder Geld für den Wiederaufbau der Kirchen sammeln. 630 schlossen die Sassaniden mit Kaiser Heraclius Frieden. Sie gaben ihm auch das goldene Kreuz zurück. Das hatte Kaiser Theodosios oder seine Frau Eudocia wohl in der Zeit des Konzils von Chalcedon für den Golgathahügel gestiftet. Eine moderne Replik davon prangt heute auf dem Dach der Grabrotunde. Im Triumph zog der neue-alte Herrscher Heraclius durch das Goldene Tor in die Stadt.

Die Omaijaden errichten die muslimische Herrschaft

Im Jahre 633 wurde Sophronios zum letzten Patriarchen vor der muslimischen Eroberung gekürt. Jubel durchhallte Jerusalem. Längst aber drängte von der arabischen Halbinsel der muslimische Glauben vor. Kalif Omar (634–644) eroberte Syrien, das Zweistromland, Teile Persiens und Ägypten. Konstantinopel hatte sich schon nicht mehr mit seiner Empfehlung für einen Patriarchen durchsetzen können. Das Volk glaubte in Sophronios einen Retter zu haben, unbefleckt durch die verbrauchten Machthaber am Bosporus, stark genug, um sich der unheimlichen Macht dieses Kalifen zu stellen. Der Patriarch schrieb seine Hoffnung und seinen Zorn gegen die Araber in einem Bischofsbrief nieder: »Wir bitten Gott, er möge den Kaisern ein machtvolles Zepter geben, den Hochmut aller Barbaren zu rächen, vor allem aber den der Sarazenen, die als Strafe für unsere Sünde sich in überraschender Weise gegen uns erhoben haben. In ihrem grausamen, ja bestialischen Charakter, mit ihrer unfrommen, ja gottlosen Frechheit plündern sie alles aus.« Schon zu Weihnachten 634 konnte der Patriarch nicht mehr die übliche Prozession von Jerusalem zu Jesu Geburtsstadt Bethlehem abhalten. Erste Arabergruppen zogen marodierend durch das Land; sie brannten gar Kirchen nieder.

Als 635 Damaskus fiel, schickte Kaiser Heraclius zwei Heere ins Brückenland. Die stellten sich am Jarmuk, einem Zufluß des Jordan, im August 636 der Schlacht mit Omar und verloren. Von Osten hatten sie Omars Waffen und ein Sandsturm zermürbt. Der Kalif siegte also mit Gottes Willen. 12000 christliche (»monophysitische«) Araber sollen zum Kalifen übergelaufen sein. Weil sich Jerusalem zwischen 635 und 638 den Feinden ergab, wurde die Stadt nicht zerstört und mußte nur Tribut zahlen. Erst später wurde die Mär ersonnen, der resignierte Patriarch habe dem Kalifen selbst die Stadt gezeigt und die Schlüssel der Grabeskirche übergeben. Er habe sich sogar erboten, Omar in die Kirche zum Gebet einzuladen. Doch der habe geantwortet: »Wenn ich in deinem Tempel beten würde, würdest du ihn später verlieren; denn meine Brüder würden ihn dir wegnehmen, indem sie sagen: Hier hat Omar gebetet.« So betete Omar vor der Anastasis; und dort steht tatsächlich seit Jahrhunderten eine Moschee mitten im christlichen Teil der Altstadt. Einer anderen Sage nach nahm ein Jude den Kalifen mit auf den Tempelberg. Er stieß auf eine Müllgrube; denn die Christen lebten in der Vorstellung der Bibel, daß »kein Stein auf dem anderen bleiben dürfe«. Empört habe der Kalif Schmutz aufgehoben und über die Mauer geworfen. Man dürfe aber erst an dieser heiligen Stätte wieder beten, soll Omar gesagt haben, nachdem drei Regenschauer den Platz gereinigt hätten. Dann solle ein neuer Tempel entstehen.

Tatsächlich wurde der Felsendom erst später begonnen. 675 berichten Pilger von einem hölzernen Gebetshaus für 3000 Pilger. Es wuchs aber unter Omar die Al Aqsa-Moschee an der Stelle, an der wohl eine von den Persern zerstörte Kirche gestanden hatte. Der Mehrheit der Christen schien der Sieg der Muslime nicht erschreckend gewesen zu sein. Endlich waren sie die byzantinische Herrschaftskirche los, hieß es. Der Streit zwischen den verschiedenen Denominationen wurde nicht mehr im Sinne des Kaisers entschieden. Auch ließ dieser Kalif die Bevölkerung, mehrheitlich Christen, in Ruhe. Das Leben in den Klöstern ging weiter. So wurden im Konvent »Mariae Rastplatz« (Kathisma) auf halbem Wege zwischen Jerusalem und Bethlehem – wo nach der Tradition die hochschwangere Maria durch Joseph zur Rast vom Esel gehoben worden war – neue farbenfrohe Mosaiken ausgelegt, die sich heute besichtigen lassen. Auch in Madaba, auf der jordanischen Seite des Jordan gelegen, arbeiteten die christlichen Mosaikwerkstätten weiter. Kalif Omar hatte ein Interesse an Kontinuität. Die aus der Wüste gekommenen Araber wußten wenig von einer Verwaltung, die Städte regieren kann. Sie kannten nicht die städtischen Handwerker und Händler, die allein die Wohlfahrt der eroberten Gebiete gewährleisten konnten. Nur Kontinuität sicherte den Wohlstand der Omaijaden und Geld, das sie sich allmählich durch ein Steuersystem besorgten, das allein die Christen belastete.

Ablösung und Antwort – der Koran und sein Stil

In Stil und Kunst orientierten sich die muslimischen Omaijaden an ihren byzantinischen Vorgängern. Aus den Kirchtürmen oder den »Säulen der Heiligen« in Syrien wurden Minaretts. Rundbauten oder oktogonale Kirchen um heilige Schreine wurden zum Vorbild für Moscheen. Omaijadenherrscher Abd al-Malik (685–705) sammelte die besten Architekten seiner Zeit, wohl byzantinische Syrer, um den Felsen zu überbauen, auf dem einst der Tempel gestanden hatte. Schon das Modell begeisterte den Kalifen so sehr, daß er es aufbewahren ließ. Die Maße des Bauwerks, das 702 fertig wurde, waren freilich keine originelle Schöpfung. Die

Rotunde über dem Grab Jesu, die Himmelfahrtkirche auf dem Ölberg und die Kathedrale von Bosra in Syrien dienten wohl als Vorbilder, wie K. A. Creswell nachwies. Freilich sollte der Felsendom »ein Symbol gegen die Christenheit« in Jerusalem sein, wie Josef van Ess schrieb, und ein mit Blattgold belegter Anspruch auf den Sieg über die bisher herrschenden Religionen. Er wurde als Provokation an die Christenheit formuliert und in das Deckengewölbe des Felsendoms geschlagen. Aus Zitaten des Koran steht da: »Gott ist einzig; er hat keinen Partner; er erzeugt weder noch wurde er erzeugt. Mohammed ist Gottes Bote. Jesus, der ›Messias‹, ist nur Gottes Bote, Wort und Geist von ihm. Gott hat keine Kinder.«

Das heilige Buch des Koran, was etwa »das Vortragen, Gelesene« bedeutet, ist Grundlage des muslimischen Glaubens. Es zeigt eine Theologie, die mit ihrem strengen Monotheismus stärker an der jüdischen Religion als am Christentum orientiert ist. Tatsächlich verstand sich Mohammed wohl zunächst auch als Reformator des Judentums; er wurde aber von seiner jüdischen Umgebung zurückgewiesen. Gleichwohl kamen Juden und Muslime in späterer Zeit stets besser miteinander aus als Juden und Muslime mit den Christen. Das aber hatte nicht nur religiöse Gründe; Christen und Muslime stellten rivalisierende Mächte dar; die Juden aber lebten machtlos in der Diaspora. Mit dem Entstehen des Staates Israel überlagerte so auch bald die arabische Gegnerschaft zum Zionismus die relative religiöse Nähe. Der Koran gilt als das durch Erzengel Gabriel über Mohammed den Menschen übergebene Wort Gottes. Die 114 »Suren« (Abschnitte), nach Länge geordnet, spiegeln diese Offenbarungen wider. Mohammed ist dabei nicht wie Jesus selbst das Wort Gottes; er ist der Prophet, der Gottes Wort vermittelt und verkündet. Der Koran wuchs zu Mohammeds Lebzeiten, wurde nach seinem Tod 632 aus zerstreuten Texten und Erinnerungen von seinem Schreiber Zeid ibn Thabit vervollständigt und schließlich vom dritten Kalifen Othman (644–656) kodifiziert.

Im Koran erscheinen die Sagen der Bibel wieder; aber nicht in ihrem Kontext, sondern abgelöst und anekdotisch als Beispielgeschichten für Gottes Handeln in der Welt. Allein der Josephszyklus in Kanaan und Ägypten wird vollends wieder-

Jerusalem, die Omar-Moschee
(David Roberts, 1839)

Ramla (Ramleh) (David Roberts, 1839)

gegeben. Wohl sind auch weniger die Geschichte als die Personen wichtig. Die Erschaffung der Welt ist allein Erzählung von Adam und Eva; der Auszug aus Ägypten ist die Geschichte von Moses. Der Freund Gottes, Abraham (Khalil Allah), genießt als Erbauer des Heiligen Schreines in Mekka einen besonderen Rang: Er ist Muslim. Auch wenn der Koran den Namen des Sohnes von Abraham, der sich zum Opfer (al-Dhabih) machen läßt, nicht nennt, Wissenschaftler wie der Koranübersetzer Rudi Paret glauben, nach dem Koran habe Khalil Allah nicht Isaak, sondern Ismael opfern wollen (Koran 37, 102ff). Die Schwester von Moses und Aaron, Mirijam, wird zur Mutter von Jesus (Koran 19, 28).

Arabisierung statt Islamisierung

Abd al-Malik ist der erste muslimische Herrscher, der eine bewußte Islamisierung betreibt. Auch baulich: Südlich des Haram al-Scharif, wie der Tempelberg nun hieß, entstanden prachtvolle Palastanlagen. Sie lassen sich heute in dem Ausgrabungsmuseum besichtigen. Mit Beginn des 8. Jahrhunderts war Jerusalem eine islamische Stadt geworden. Das bedeutete aber nicht, daß die mehrheitlich christlichen Bürger der Stadt zum Übertritt in den Islam gezwungen worden waren. Nur zogen immer mehr Muslime in die Stadt, auch wenn sich nach 717 die Regionalregierung zunächst in der omaijadischen Neugründung Ramleh einrichtete und dann nach Damaskus zog. Ramleh wurde die einzige islamische Stadtgründung im Brückenland, nach dem Abzug der Kreuzfahrer von den Mamluken prächtig ausgestattet. Von vornherein gab es viele Christen, die allein schon um der Anpassung willen zum Islam übertraten. Damit konnte man auch der Steuerpflicht entgehen. So gab es in den vier Jahrhunderten bis zu den Kreuzzügen, mit wenigen Ausnahmen, kaum Hinweise auf erzwungene Konversionen, weder unter den Omaijaden noch unter Abbasiden und Fatimiden. Die späteren Kreuzfahrer verwiesen bei ihrer Schilderung des »barbarischen Schreckens« an den Heiligen Stätten vor allem auf den Fatimiden al-Hakim (996–1021). Dieser Sohn einer Christin war zwar christlich erzogen, dennoch ließ er Kirchen verbrennen, um darüber Moscheen zu errichten. Dann gab er den Christen wieder ihre Rechte zurück. Als er den Anspruch erhob, göttlicher Herkunft zu sein, machte er sich auch die Muslime zu Gegnern. Schließlich ermordete ihn seine eigene Schwester. Die Drusen führen ihre Tradition auf diesen Kalifen zurück. Im übrigen aber gab um 870 der fränkische Mönch Bernhard einen typischen Eindruck wieder, als er vom »guten Verhältnis« der Christen zu den Arabern berichtete. Den Tempeldom nannte dieser gebildete Mann den »Tempel des Salomon, der eine sarazenische Synagoge enthält«.

So läßt sich von einer schleichenden Islamisierung reden; sie wurde allerdings durch eine rasche Arabisierung überholt. Von der Herrschaft der – die Omaijaden 750 ablösenden – Abbasiden an notieren die Wissenschaftler immer häufiger die Übernahme der arabischen Sprache, die Annahme arabischer Namen und die Akzeptanz des muslimischen Kalenders. Zugleich aber war mit den Abbasiden die muslimische Herrschaft von Damaskus ins noch fernere Bagdad umgezogen. Sie ließen die Christenheit nicht nur gewähren; unter ihnen verkam auch das Brückenland. Das Griechisch der byzantinischen Herren war im weitgehend Aramäisch sprechenden Brückenland stets nur die Sprache der Liturgie und Hierarchie gewesen. Arabisch war hingegen dem Aramäischen nahe und wurde darum rasch übernommen. Damals vertiefte sich die Spaltung zwischen den weiter griechisch sprechenden Herren der Kirche und den arabisierten »Syriani Filastini«, die den griechisch-orthodoxen Ritus ins Arabische zu übertragen begannen. Diese Melkiten, die seit dem 18. Jahrhundert mit Rom uniert sind, bilden bis heute einen wichtigen Teil der christlichen Ökumene im Heiligen Land. Wer freilich nicht nur in die arabische Sprache überwechselte, sondern auch den islamischen Glauben annahm, konnte nicht mehr zurück.

Märtyrer und Klostergelehrsamkeit

St. Michael gehört zu den »Märtyrern«, dessen Geschichte uns in verschiedenen Versionen erhalten ist. Einst kam der junge Mönch Michael von seinem Kloster Mar Sabas nach Jerusalem, um dort das Handgewerbe seiner Gemeinschaft zu verkaufen. Ein Eunuch vom Hofe Abd al-Malik traf ihn dort und nahm ihn zu einer der Frauen des Kalifen mit. Sie entbrannte in heißer Liebe zu ihm; er aber hielt zu seinem Habit und verhöhnte die Muslimin auch noch. Darauf ließ sie ihn fesseln und schlagen. Zum Palast des Kalifen, des »Gebieters der Gläubigen« gebracht, überzeugte Michael den Herrscher von seiner Klugheit und wurde von seinen Fesseln befreit. Der Kalif lud einen Juden zum Disput mit Michael. So wie später im Mittelalter die katholische Kirche Juden im Streitgespräch niederringen wollte, versuchte nun der Kalif den Michael davon zu überzeugen, daß der Apostel Paulus den Glauben der Juden »in die Irre geführt« habe. Michael aber sagte: »Mohammed war weder ein Apostel noch ein Prophet, er war nur ein Verräter.« Zornig warf der Kalif den Juden hinaus, weil der ihm nicht Beistand leistete, und fragte den Michael, ob es denn nicht Mohammed gewesen sei, der die Perser und Araber zum Islam gebracht und ihre Götzen zerschlagen habe. Das sei nur mit der Gewalt des Schwertes geschehen, antwortete Michael, während die Apostel mit Liebe gesiegt hätten. Der Kalif wollte Michael konvertieren. Oder es bleibe nach so viel Frevel nur der Tod. Aber auch als er mit Gift bedroht wurde, hielt Michael stand. Er wurde um 705 enthauptet.

Die meisten anderen Märtyrer-Legenden betreffen Christen, die Muslime wurden, aber wieder zum Christentum zurückwollten und dadurch den Tod erwirkten. So geschah es um 806 dem Mar Saba-Mönch Bacchus, dessen Vater mit sieben seiner Kinder zum Islam übergetreten war. Er taufte fünf von ihnen zum Christentum zurück und mußte dafür sterben. Diese Sagen wurden meist in palästinensischen Klöstern aufgeschrieben, in der Regel auf Arabisch (oder Georgisch). Viele davon entstanden in den Schreibstuben von Mar Sabas und liegen heute in späteren Übertragungen im griechisch-orthodoxen Patriarchat in Jerusalem. Obwohl abgeschnitten von Konstantinopel, fand auch im Brückenland der »Ikonoklasmus-Streit« sein Echo. Während der Kaiser Bilderstürmer ausschickte, um die Ikonen als Objekte des Götzendienstes zu zerstören, gehörte Johannes von Damaskus, Abt von Mar Sabas, zu jenen, die bei einem Regionalkonzil in Jerusalem 731 die Ikonen und das Gebet zu den auf den Ikonen Dargestellten rechtfertigten. Auf den Ikonen zeige sich durch die dargestellten Personen göttliche Herrlichkeit auf Erden, schrieb er. Die bilderfeindlichen Muslime störte das nicht, und kein Beamter des Kalifen hinderte ihn daran, seine Verteidigung des Christentums gegen den Islam zu vertreiben. Zugleich wurden in den Klöstern auch die griechischen Philosophen ins Arabische übersetzt. Bisweilen konnten sich diese klassischen Schriften nur in arabischen Fassungen bis in die frühe Neuzeit retten, als sie von Europa wiederentdeckt wurden.

Hilfe für die »Dhimmis« aus Aachen

In dem Maße freilich, wie sich die Arabisierung durchsetzte, folgte auch die Islamisierung. Sie geschah aber nicht durch den Glaubenskrieg des Dschihad, mit dem die ersten Kalifen das Land erobert hatten. Bei den Christen und Juden, die zu den geehrten Buchreligionen zählten, griff allmählich ein anderes Mittel: die Steuerschraube. Das wurde zunächst auf dem Land und dann in den Städten spürbar. Der Abbasiden-Kalif al-Mansur (754–775) befahl eine Steuererhebung und schickte Geldeintreiber aus. Das führte zum »Bauernlegen« ganzer Landstriche. Die schon unter den Omaijaden begonnene Klassifizierung der Bürger griff nun nicht nur über das Steuerrecht tiefer ein. Juden und Christen wurden »Dhimmis«, Schutzbürger zweiten Rechts. Ihr Schutz oblag allein dem Kalifen, dem sie dafür eine Kopfsteuer zu zahlen hatten. Wenn es der Kalif wollte, konnte Toleranz herrschen. Aber das war unter al-Mansur anders. Um der Steuer nicht zu entkommen, mußten sich Juden und Christen in die Hand ein Glaubenssymbol eintätowieren lassen. Al-Mansur handelte sogar gegen den Koran, der erzwungene Übertritte verbietet, und brachte die gesamte christliche Bevölkerung aus einem Tal bei Aleppo nach Ramleh, um ihren Widerstand gegen den Islam zu brechen. Al-Mahdi (775–785) folterte die Führer des christlichen Stammes der Tanukijja bei Aleppo, um auch sie zu konvertieren. Im Gerichtswesen galt bald das Wort eines Christen gegen den Muslim nichts mehr. In den folgenden Jahrhunderten schuf diese »Dhimmi«-Entrechtung der Minderheiten, die sich nach der Epoche der Kreuzzüge weiter verfestigte, unter Christen und Juden ein Bewußtsein, das von einer fast freiwillig erscheinenden Unterordnung geprägt war. Palästinensische Christen sehen sich bis heute in dieser Abhängigkeit von der islamischen Mehrheit; sie schönen darum oft ihre Lage und wollen gegenüber den Christen aus dem Ausland als gleichberechtigte Brüder mit den Muslimen erscheinen.

Auf der anderen Seite bemühte sich Karl der Große als »Herrscher Europas« um die Gunst des Abbasiden-Kalifen Harun al-Raschid. 797 erkannte er den abendländischen Herrscher als Patron der Heiligen Stätten an. Bei seiner Kaiserkrönung an Weihnachten 800 wurde ihm auch der Schlüssel der Grabeskirche überreicht. So wenigstens berichten es fränkische Quellen; arabische Bestätigungen fehlen dafür. Das ehrwürdige Bagdad nahm offenbar diese Aktionen des neumächtigen Franken nicht so wichtig. Der Patriarch von Jerusalem sandte Karl Reliquien und Segens-

Sebaste, Ruine der Johanniskirche
(David Roberts, 1839)

sprüche; der Kaiser sandte den fränkischen Priester Zacharias mit Gegengeschenken zum Patriarchen, um die Lage der Christen zu erkunden. Allmählich drangen wieder westkirchliche Geistliche ins Heilige Land vor. Rom suchte Byzanz zu verdrängen. Karl der Große begründete eine Marienkirche mit Hospiz und Bibliothek, eine Abtei auf dem Ölberg und ein Frauenkloster beim Heiligen Grab. Der Kalif wollte vielleicht Karl den Großen gegen den religiös begründeten Weltherrscher in Konstantinopel ausspielen. Karl hatte daran wohl kein Interesse; aber in Konstantinopel vergaß man nicht, daß ein weströmischer Barbar aus Franken gegen das zweite Rom agiert hatte. Im übrigen aber nutzte der Schutz aus Aachen allen Christen im Heiligen Land, auch wenn er die Kluft zwischen Ost- und Westkirche eher vertiefte. Karl der Große baute unterdessen mit dem Dom von Aachen das Symbol für die »Kaisergleichheit« von Aachen und Byzanz. Bauhistorisch vererbte sich die konstantinische Grabrotunde über den Tempeldom zur Pfalzkirche in Aachen fort. Zion hielt so als Baumodell Einzug in Nordeuropa.

Die Kreuzzüge künden sich an

Mitte des 9. Jahrhunderts machten sich Armeeführer von dem Kalifen unabhängig. In den daraus entstehenden Wirren trugen die Christen die größte Last; ihre Kirchen in Ramleh und Aschkelon gingen in Flammen auf. Als der byzantinische Kaiser Nikephoros Phokas 964 Zypern und 969 Kreta den Abbasiden nahm, hatten wieder die Christen zu leiden. 969 wurde der Patriarch ermordet und die Auferstehungs- und Grabeskirche entweiht. In demselben Jahr rissen die schiitischen Fatimiden aus Nordafrika die Macht an sich. Kalif al-Hakim schloß und zerstörte nicht nur Kirchen; er verbot auch die Pilgerfahrten. Bis zum Sinnungswandel des wohl geistig umnachteten Kalifen sollen 30 000 Kirchen geplündert gewesen sein. 1017 erhielten die Christen den Grundbesitz zurück. Sie durften ihre Religion wieder ausüben. Bald kamen auch neuerlich Pilger ins Heilige Land; so Simeon aus Syrakus, der auch als Reiseführer für den Bischof von Bamberg wirkte, bevor er sich 1030 als Eremit ins halbverfallene Stadttor der Porta Nigra von Trier zurückzog. Die Pilger des Westens kamen mit den Erzählungen des Schreckens aus dem

Heiligen Land zurück. Sie unterschlugen, daß sie immerhin wieder in großer Zahl ins Heilige Land reisen konnten. Die Handelsschiffahrt florierte. Das Mittelmeer wurde von den christlichen Hafenstädten beherrscht, die den Handel mit den Sarazenen suchten. Waren aus Asien gelangten nicht mehr über Konstantinopel, sondern über die Weihrauchstraße nach Palästina, von dort über Alexandria nach Südeuropa. Für die europäischen Pilger aber mischte sich die Erfahrung der kirchlichen Fremde unter vor allem orthodoxen und orientalischen Christen mit deren Berichten über die Verfolgungen des al-Hakim. Sie erzählten nach ihrer Rückkehr in Europa über die inneren Wirren in Konstantinopel nach dem Tod der Kaiserin Theodora 1065 und den Siegeszug der Türken. 1073 nahmen diese Seldschuken Jerusalem ein. Räuberbänden überfielen Pilgerzüge. Bald darauf bekämpften sie sich untereinander. Zwar herrschten dann bis zur Eroberung Jerusalems noch einmal 20 Jahre der Ruhe, doch das Chaos davor hatte Europa geweckt.

Nicht nur Franken und Tyrannen

Erschrecken erregten die Berichte der Pilger, die im ersten Jahrhundert nach der Jahrtausendwende aus dem Heiligen Land zurückkehrten. An die allumfassende katholische Kirche in Rom gewöhnt, waren die Pilger an den Orten des biblischen Geschehens vor allem auf Fremdes gestoßen. Es waren nicht nur Muslime die unbeschränkten Herren über die Städte mit den Heiligen Stätten. Diese bekriegten sich auch und zerstörten dabei christliche Anwesen. Türkische Seldschuken des sunnitischen Islam und schiitische Fatimiden aus Ägypten bekämpften einander im Brückenland. Zwischen 969 und 1071 herrschten die Fatimiden, dann bis 1098 die Seldschuken. Gerade sie machten übrigens nach anfänglichem Schrecken aus Al Quds einen Hort islamischer Gelehrsamkeit, was freilich die Pilger wenig scherte. Dort, wo die Kreuzfahrer später St. Anna errichteten, studierten Muslime den Koran. Die Christen hatten nach dem Terror unter dem Fatimiden al-Hakim wieder aufatmen können. Ein Hospiz des St. Johannes, geleitet von Kaufleuten aus dem italienischen Amalfi, hatte sich auf einem Gelände bei der Grabeskirche ausgebreitet, das Harun al-Raschid um 800 Karl dem Großen überlassen hatte, und diente den Pilgern. St. Johannes war wohl aus einer karolingischen Stiftung hervorgegangen, ähnlich wie Sancta Maria Latina, das neben seinem Mönchs- nun einen Nonnenkonvent für Pilgerinnen einrichtete, – Jahrzehnte vor den Kreuzfahrern.

Diese Besitzungen bei der Grabeskirche und auf dem Zionsberg waren freilich Ausnahmen unter den Einrichtungen der »anderen«, östlichen Kirchen. Die Fran-

Aschkelon (David Roberts, 1839)

ken trafen vor allem auf Griechen und Syrer, Georgier und Armenier, Kopten, Nestorianer und Äthiopier. Diese anderen vollzogen ihre Riten in fremden Sprachen und fremd erscheinenden Liturgien. Noch um 870 hatte sich der französische Mönch Bernhard im Heiligen Lande wohlfühlen können, weil ihn die griechische »Mutterkirche« aufnehmen konnte. Doch seit dem »Schisma« 1054 durften Franken nur noch im St. Katharinenkloster auf dem Sinai am Abendmahl der Griechen teilnehmen. Ein Mann aus dem Westen sprach auch nicht mehr griechisch. Mit dem Jahr 451 hatte die Kirchenspaltung von Chalcedon die orientalischen Kirchen von Rom und Byzanz abzutrennen begonnen. Seither hatten sich zudem Ost- und Westrom auseinandergelebt, vor allem aus politischen Gründen, wie die Parteinahme von Karl dem Großen für Harun al-Raschid gezeigt hatte. Zwar sah sich Konstantinopel von den Seldschuken so bedrängt, daß Kaiser Alexios I. den Westen um Hilfe bat. Doch Byzanz wollte im Osten seine Macht wahren und nicht teilen. Der Kaiser hoffte auf gefügige Söldnertruppen. Statt dessen kamen Ritterheere und sannen auf Eroberung.

Pilger mit dem Schwert

Während Antiochia schon vom Ersten Kreuzzug belagert wurde, nahmen 1098 noch einmal die Fatimiden Jerusalem ein. Die alt-neuen Herren herrschten weniger als ein Jahr; ihre einzig überlieferte Baumaßnahme, die Verstärkung der Stadtmauern, war vergeblich. Am 27. November 1095 hatte Papst Urban II. am Ende einer Synode im südfranzösischen Clermont bei einer Volksversammlung Rittersmann, Bürger, Bauer und Knecht »zu den Waffen« und »unter das Kreuz« gerufen, um die heiligen Stätten von den muslimischen »Barbaren« und »Heiden« zu befreien. Schon zur Jahrtausendwende war Kaiser Otto III. im Büßergewand an die Ferse des italienischen Stiefels gepilgert. Näher kam der Kaiser nicht an Zion heran. Politisch war Zion unerreichbar. Darum sollten die Wallfahrten nun mit dem Schwert fortgesetzt werden, in einem »heiligen Krieg« für die Wiedererrichtung der christliche Herrschaft. Die neuen »peregrinatores« waren nicht nur Mönche; es zogen Ritter, oft vermächtnislose Söhne herrschender Häuser mit ihren Knappen ins Heilige Land. Es folgten Bürger und Bauern, Händler und Huren. Die Heere erreichten über Konstantinopel (1096) und Antiochia (1097) im Juni 1099 Jerusalem. Am 15. Juli stürmte Gottfried von Bouillon im Nordosten die Mauer. Tancred, der spätere Fürst von Antiochien, eroberte den Haram al-Scharif.

Nicht nur Jerusalem ging wieder einmal in Flammen auf. Schon der Weg dorthin war mit Blut getränkt. Alles Fremde war den Fremden feind: nicht nur der »Muselmann«, auch der Jude und der fremde Christ. Allein zwei Jahre brauchten die Kreuzfahrer von der Eroberung Nicäas im Nordwesten der Türkei bis ins Brückenland. Die Erinnerung an jenen Sommertag 1099, an dem das Christenheer dann, erschöpft wie die Verteidiger, Al Quds stürmte, ist im Islam so lebendig geblieben wie bei den Griechen die Eroberung Konstantinopels durch die Kreuzfahrer im Vierten Kreuzzug 1204. Die orthodoxe Kirche erinnert an beide Ereignisse jährlich. Die etwa 200 durch die Franken bestimmten Kreuzfahrerjahre sind bis heute wichtiger Bestandteil nahöstlicher Identität. Diese Erfahrung bringt Ostkirchen und Muslime gemeinsam auf die Seite der Opfer. In Europa wurde diese Phase mit ihrer bitteren Seite kaum erfaßt. Die Gralssage, die im Heiligen Land ihren Ursprung hat, zeigt allgemein die europazentristische Sicht, aus der die Kreuzzüge gesehen wurden. Die Aufklärung suchte am Beispiel der christlichen Herrschaft über Jerusalem die drei Religionen zu versöhnen. Die Romantik überhöhte das Ritterleben in der Fremde: »Viel Steine gab's und wenig Brot«.

Der Historiker muß sich durch diese »Erinnerungen« und Geschichtsquellen einen eigenen Weg bahnen. In vielerlei Hinsicht durchbrach auch die Kreuzfahrerzeit nicht alle Kontinuitäten. Die Franken waren auch fremde Herren, aber wohl bei Christen weniger gefürchtet und für Muslime und Christen nicht so unbekannt wie zunächst die Seldschuken, die sich später als zahme Herren herausstellten. Man muß annehmen, daß die Christen über ihre Bluttaten bei der Eroberung Jerusalems 1099 Stolz empfanden und diese auch noch aufbauschten. »...in derselben Stunde, in welcher unser Herr Jesus Christus es nicht mehr verschmähte, für uns den Tod am Kreuz zu erleiden«, begann »ein solches Morden, daß die Unseren bis zu den Knöcheln ihrer Füße im Blute der Feinde wateten«, heißt es in den »Gesta Francorum«. Diese Eroberung war Gottesdienst. Er galt vor allem Jesus. Die Kreuzfahrer sahen sich zudem in der Tradition der israelitischen Landnahme und der Übernahme Zions durch König David. Sie nahmen die blutigen Siege über Jericho und Ai, die eine Erfindung der Bibelredaktoren waren, als Vorbild für ihre eigene »Landnahme«. Sie folgten so der Aufforderung des Papstes, der sich als Sprecher Gottes verstanden hatte: »Gott will es«. 14 Tage vor der Eroberung Jerusalems starb Urban II.

Jerusalem mußte blutig fallen, sonst wäre die Stadt nicht »rituell gereinigt«, die Apokalypse des Johannes nicht erfüllt worden. Nach Berichten der Augenzeugen lag der Geruch der Verwesung noch Monate über der Stadt; die Kreuzfahrer aber hielten Andacht in der Grabeskirche. »Kreuzfahrerspezialisten« wie Kaspar Elm sagen, die Stadt sei wohl vor der Belagerung weitgehend geräumt gewesen. Es dürften nicht »viele zehntausend« Menschen in ihren Mauern gelebt haben. Schließlich hatten erst im Vorjahr die Fatimiden die Stadt nach vierzig Tagen der Belagerung für sich zurückerobert. Ähnlich blutig war gewiß auch die letzte Vertreibung der Kreuzfahrer von ihrem letzten Stützpunkt Akko(n) 1291; man tötete »im Geist der Zeit«. Die meisten Kreuzfahrer zogen bald nach dem Ersten Kreuzzug nach Europa zurück. Sie hatten gesiegt; das war's. Die Herrschersöhne aber bildeten katholische Staaten: vor allem das Königreich Jerusalem, dessen erster Herrscher ein Vasall des deutschen Königs war. Der Herzog von Niederlothringen, Gottfried von Bouillon, war der charismatische Anführer eines französischen Heeres. Er wollte sich nicht König von Jerusalem nennen, sondern »Beschützer des Heiligen Grabes«. Erst sein Bruder Balduin nahm den Königstitel an. Im Norden schlossen sich die Grafschaft Tripolis an, das Herzogtum Antiochia und das Fürstentum Edessa, insgesamt ein Streifen an der Küste von 800 Kilometern Länge und 150 Kilometern Breite.

So eingeklemmt konnte das Reich kaum Bestand haben. Zunächst aber zogen die Franken Nutzen aus dem Konflikt zwischen dem sunnitischen Nordosten mit seinen arabischen Kleinstaaten im heutigen Syrien und dem fatimidisch-schiitischen Kalifat in Ägypten. Vor allem in den großen Städten ließen sich christliche Einwanderer aus Europa nieder. Akko(n), Tyros und Antiochia wurden wichtige Zentren. Caesarea erlebte noch einmal eine kleine Blüte. In den knapp 90 Jahren zwischen 1099 und dem Fall 1187 wurde Jerusalem vollends umgebaut. Fast alle spätantiken Kirchen, die gewiß in den letzten Jahrzehnten nicht mehr sonderlich hatten gepflegt werden können, wurden durch Neubauten ersetzt. Allein Teile der Grabeskirche, die unterirdische Kirche des Grabes Maria sowie Teile der armenischen Jakobskathedrale blieben in ihren früheren Formen – und bis heute – gewahrt. Das gilt auch für die St. Johanneskirche im »Muristan« auf dem Gelände des Hadrianischen »Forum Romanum«, die unter Meister Gerhard zur Geburtskirche des Johanniterordens wurde.

Die Orden – Dienst und Herrschaft

Dieser Orden, der heute in seinem protestantischen Teil den ursprünglichen Namen trägt und in seinem katholischen nach dem späteren Herrschaftsgebiet (1530–1798) Souveräner Malteserorden genannt wird, gehört zur Kreuzfahrer-Tradition; er ist aber älter. Schon in den ersten Jahrzehnten des neuen Jahrtausends hatten Hafenstädte am Mittelmeer »ihren« Pilgern »Pakete« angeboten: Hin- und Rückfahrt, Begleitung zu den heiligen Stätten, Betreuung im Hospiz. Sie taten das den Muslimen gleich. Amalfi bot in Jerusalem das Johannesquartier bei der gleichnamigen Kapelle, die vielleicht auf das 7. Jahrhundert zu datieren ist, wie Klaus Bieberstein und Hanswulf Bloedhorn mutmaßen. Die Gründung des Hospizes ist unbekannt. Schon vor der Eroberung der Stadt 1099 wurde es von Meister Gerhard geleitet und hatte sich wohl auch schon vom Benediktinerorden gelöst. Die »vornehme Römerin« Agnes leitete ein Johanniterinnenhospiz. Die Fatimiden verwiesen sie nicht – wie all die anderen Christen – aus der Stadt, denn ihre Hospize dienten allen »Herren Kranken«, wie es in einem der ersten Ordensgebete heißt. Gerhard starb wohl 1120.

Drei päpstliche Bullen sicherten dem Hospiz die Selbständigkeit zu. Die Hospitaliter dienten weiter; sie lehnten zunächst auch jeden Militärdienst ab. Vielmehr sandte der Orden dem König von 1140 an dienende Soldaten, »servientes«. Erst um 1180 scheint der Prozeß der Militarisierung bei den Johannitern abgeschlossen. 1182, fünf Jahre vor Jerusalems Fall, ist erstmals in den Statuten von »fratres armorum« (bewaffneten Brüdern) die Rede. Gerhards Friedensmotto gehört zur Kreuzfahrerzeit wie der militante Aufruf von Papst Urban; er lautet aber: »Unsere Bruderschaft wird unvergänglich sein, weil der Boden, auf dem diese Pflanze wurzelt, das Elend der Welt ist, und weil, so Gott will, es immer Menschen geben wird, die daran arbeiten wollen, dieses Leid geringer, dieses Elend erträglicher zu machen.« Seine Nachfolger machten aus Gerhards Laienbruderschaft einen Hospitalritterorden. Das Heilige Land hatte immer schon die Menschen verändert. So wie es in byzantinischer Zeit Bischöfe der Hierarchie erlebt hatte, die plötzlich nur noch Asketen sein wollten, brach das Brückenland jetzt ein wenig die europäische Gesellschaftsstruktur auf. Einige Adelige wollten sich in Armut und Gehorsam allein dem Dienst an den Bedürftigen weihen.

Die Bedrohung der Kreuzfahrerstaaten durch die Muslime brachte es freilich mit sich, daß eine andere Gruppe mehr von sich Reden machte. Weil ihnen der König seine erste Residenz bei der Al Aqsa-Moschee auf dem Tempelberg zum Quartier anbot, nannten sich die Nachfolger des französischen Kreuzfahrers Hugo von Payens bald »Tempelritter«. Sie formierten sich mit Hilfe des Mystikers und Ordensgründers Bernhard von Clairvaux (1091–1153) als Schwertorden. Ohne den Beistand des Heiligen hätte freilich Hugos Gesellschaftsgründung mit ihren sieben weiteren Rittern von 1120 nicht überlebt. Aber das Konzil von Troyes 1129 verabschiedete mit päpstlicher Billigung eine von Bernhard mitredigierte Regel, in der Mönch- und Rittertum eine neue Synthese eingingen. Bernhards Aufruf zum Zweiten Kreuzzug 1146 und sein »Lob der neuen Ritterschaft« machten den Orden zum erfolgreichsten Unternehmen jener Zeit. Das Gelübde forderte Keuschheit, Gehorsam und Armut. Der Tod im Kampf gegen die Sarazenen zur Wahrung des Heiligen Grabes war den Templern höchster Lebenszweck. Schon im Jahre 1160 hatte der Orden 300 Ritter. Jeder brachte seinen Besitz ein; diese Erbtümer machten den Orden zu einem in seiner Zeit reichsten Wirtschaftsunternehmen. Freilich waren auch die Johanniter bald ein vermögender Orden. Doch der König von Jerusalem förderte die Templer mehr; er war auf ihr Heer angewiesen. Hier entstand eine Abhängigkeit zwischen Orden und Weltlichkeit, die nach dem Fall des Heiligen Landes in

Frankreich fortlebte. Von ihr wußte sich König Philipp der Schöne am »Freitag, dem 13.« Oktober 1307 nur durch die Verhaftung der führenden Ritter und den Prozeß gegen sie zu befreien. »Freitag, der 13.« wird seither als verdächtiges Datum genannt. Die Templer starben im Feuer als Ketzer.

Der Untergang ist angelegt

Der eifersüchtige Kampf zwischen den Templern und den Johannitern, zu denen 1198 als dritter der Deutsche Orden hinzukam – der später von der Marienburg aus Preußen und mehr eroberte –, führte mit zum Untergang des Kreuzfahrerreiches. Die Orden, direkt dem Papst unterstellt und damit selbständig, dachten zunehmend an sich. Ihre Macht schwächte den König, der sonst nur sein »Lehensaufgebot« aufbieten konnte und »Saisonritter«, die stets im Frühling mit den ersten Schiffen kamen. Gerade einmal ein Königsheer von 670 Rittern sowie 300 Templer soll in der zweiten Hälfte des 12. Jahrhunderts das Königreich verteidigt haben, dazu viel Fußvolk und leichte Reiterei. Kein Wunder, daß der König energisch einen Beitrag der Johanniter forderte. Gleichwohl: 1144 ging Edessa wieder verloren – erobert von Imad ad-Din Zengi, dem Herrscher von Aleppo. Der Zweite Kreuzzug zur Rückeroberung Edessas (1145–1149) scheiterte. Unter Zengis Sohn, Sultan Nur ad-Din, der die syrischen Kleinstaaten unter seiner Herrschaft vereinigte und auch Ägypten in seine Einflußzone brachte, entstand den Kreuzfahrerstaaten eine gefährliche Gegenmacht. 1187 setzte Nur ad-Dins Nachfolger, Sultan Saladin, Herrscher über Syrien und Ägypten, über den Jordan. Gegen guten Rat führte der Großmeister der Templer das Ritterheer an den »Hörnern von Hattin« ohne Wasser bei Juli-Hitze gegen den Wüstenwind in die Schlacht. Die Niederlage am 4. Juli 1187 wurde der Anfang vom Ende der Kreuzfahrermacht im Brückenland. Jerusalem öffnete Saladin am 2.Oktober nach zwei Wochen der Belagerung die Tore. Wer sich von den Franken nicht innerhalb von 40 Tagen auslösen konnte, wurde als Sklave verkauft. Nur orientalische Christen durften bleiben.

Gemeinhin heißt es, die Kreuzfahrer hätten bei der anhaltenden Bedrohung stets nur von ihren Burgen heruntergeherrscht, deren Ausbau das Überleben sichern

Blick vom Meer auf St. Jean d'Acre (Akko) (David Roberts, 1839)

sollte. So sind Belvoir, Beaufort oder Krak des Chevaliers entstanden. Aber der israelische Historiker Ronnie Ellenblum erbrachte ein komplizierteres Bild. Danach siedelten sich die Franken auch auf dem Land an – jenseits von Burg und Stadt, vor allem rund um Jerusalem und an der Küste. Ellenblum wies nach, daß auch in Judäa und in Westgaliläa, wo (östliche) Christen durch die frühe islamische Zeit hindurch ihre Dominanz bewahrt hatten, Franken zuzogen. Ostgaliläa dagegen wurde ausgespart; hier waren früher jüdische und samaritische Gegenden vollends islamisiert worden. Güter und Herrenhöfe, die die Archäologen ausgruben, lassen auch den Schluß zu, daß fränkische Ritter oder Bauern örtliche Christinnen heirateten. Immerhin gab es ja auch Heiratsverbindungen zwischen den Kreuzfahrerfürsten und -königen und dem armenischen Königshaus in Kilikien.

Einpflanzung wird abgelehnt

Der Grad an Integration war offenbar viel höher als bisher angenommen. Während noch in den ersten Jahrzehnten die »Liturgie der Befreiung« Jerusalems am Jubeltag im Juli an die eschatologische Wende des Heiligen Landes erinnern sollte – Prozessionen zu der Stelle an der Mauer, an der Gottfried in die Stadt einbrechen konnte –, setzte sich allmählich die östliche »Jerusalemer Liturgie« wieder durch, so wie sie in den byzantinischen Klöstern gewachsen war. Offenbar merkten die Franken, daß diese Liturgie zwar nicht lateinisch gehalten wurde, wohl aber in ihrem Aufbau dem heimischen Gottesdienst entsprach. Schon weil es nicht genügend westkirchliche Geistliche gab, griffen die Könige und Barone auf ostkirchliche Äbte und Priester zurück, die nur die eigene Liturgie lesen konnten. Rainer Schwinges hat einmal am Beispiel des Chronisten des Königreiches, an Wilhelm von Tyrus, deutlich gemacht, daß diese Franken allmählich eine eigene »angepaßte« Identität annahmen. Wilhelm stammte, wohl 1130 geboren, aus einem der Adelshäuser, die mit dem Ersten Kreuzzug gekommen waren. Sie fühlten sich – in zweiter und dritter Generation im Orient – *in nostra regio orientalis* längst zu Hause. Benjamin Kedar wies arabisches Vokabular bei den ansässigen Franken nach.

Wilhelm von Tyrus sah seine *patria orientalis* durch die Späterkommenden bedroht, allemal durch Ritter, die – seiner Meinung nach – für das komplizierte Geflecht der multikulturellen Gesellschaft des Orients ohne Gespür blieben und die Weisheit der Einordnung für »Verweichlichung« hielten. Der Erzbischof schrieb eine Geschichte über die muslimischen Nachbarn. Diese *Historia de gestis orientalium principum* ging bald nach 1300 verloren. Ein interessiertes Mitfühlen paßte dem Westen nicht, wo Muslime, Heiden und Feinde, wo Orientalen – auch Wilhelm von Tyrus – verächtlich Syrer in ihrem Königreich *il royaume de Surie* genannt wurden.

Nachdem auf dem Dritten Kreuzzug (1187–1192) die Rückeroberung Jerusalems nicht gelungen war, ließ in Europa das Interesse am Orient nach. Die etwa 200 000 »Orientlateiner« waren auf sich gestellt. Wenn ihnen das Säbelrasseln der »Saisonritter« und Templer mißfiel, mit einem Ausgleich zwischen Islam und Christentum wollte Europa auf der anderen Seite des Meeres nicht helfen. Selbst die Bemühungen »älterer« Ritter, nicht nur das Schachspiel der Muslime, Seifen, Stoffe und Gewürze nach Europa zu bringen, sondern dort auch Vertrauen für den Orient zu schaffen, wurde von den nachkommenden Rittergenerationen immer wieder zunichte gemacht. Wie hätte man auch die eigene Existenz als »Soldat Christi« rechtfertigen können, wenn man sich auf einen Ausgleich mit den »Heiden« eingelassen hätte?

In Europa blieben zudem Greuelgeschichten haften: Pilger klagten über sarazenische Straßenräuber und Mörder. Die Ritter sammelten Geld mit dem Hinweis auf die raubschatzenden Heiden an den heiligen Stätten. Die georgische Königinwitwe und Nonne Maria brach aus Angst in Antiochia ihre Reise nach Jerusalem ab. Dagegen hätte sie wohl wenig zu fürchten gehabt, denn der russische Abt Daniel berichtete von seinem Pilgerzug, wie ihn der Moskauer Historiker Igor Cicurov verfolgte, nur Gutes. Daniel war um 1105 in halb-diplomatischer Mission in *Outremer* und verstand es, zwischen Westchristen und Muslimen zu pendeln. König Balduin I. gab ihm Schutz; bei gastfreundlichen Muslimen fühlte sich der »Hegemanus der Russen« sicher. Der orthodoxe Abt klagte weder über die schlechte Behandlung der Ostchristen durch Westchristen noch über raubschatzende Heiden. Von einem unbekannten »muslimischen Pilger« aus Nordafrika wird berichtet, er habe sich darüber gewundert, daß die »unterdrückten Muslime nicht zum Aufstand rufen«. Sie schätzten vielmehr ihre Rechtssicherheit, schrieb er.

Das Ende

Wäre ein Ausgleich möglich gewesen? Bis zu Stil und Kunst entwickelten die ansässigen Kreuzfahrer ihre eigene Identität, haben Bianca und Gustav Kühnel in Jerusalem herausarbeiten können, eine eigene Vermischung europäischer und orientalischer Stile. Bianca Kühnel betonte dabei die byzantinischen Wurzeln; Gustav Kühnel bewies die Eigenheit am Baustil des georgischen Heiligkreuzklosters in Jerusalem und an den Wandgemälden in der Kreuzfahrerwehrkirche von Abu-Gosch. Die »Franken« griffen auch auf »Ortskräfte« zurück, wie die Signatur eines Syrers auf dem Kreuzfahrermosaik in der Bethlehemer Geburtsbasilika zeigt. Diese nach Lebensgefühl, Lebensstil, nach Architektur und Kunst als eigene Weiterentwicklung aus Orient und Okzident erkannte Prägung der »syrischen Franken« wurde erst in den letzten Jahren erkannt. Für die Geschichtsschreibung prägender waren bisher die gewaltigen Trutzburgen des Kampfes, so die Gewölbe der Johanniter in Akko(n), wo nichts auf Osmose oder Integration hindeutet. In dieser Stadt fand der letzte Kampf um das Heilige Land 1291 statt. Es war nicht nur ein Kampf gegen die Muslime; auch die Orden stritten miteinander; manche Stadtniederlassung im Hafen dachte vor allem an ihren Wettbewerbsvorteil.

Die Kreuzfahrer verloren nicht nur den Krieg gegen die Araber. Ihre Ära ging auch an einem Paradox zu Grunde. Jeder Versuch der Stabilisierung und inneren Stärkung wurde verhindert, jede Identitätsbildung gehemmt. Europa wollte die Kreuzzüge, aber es zeigte immer weniger Interesse an den fränkischen Staaten im Brückenland. Da schien selbst der große Feind Saladin bisweilen mit diesen Franken gnädiger verfahren zu wollen als diese Kreuzfahrer untereinander. 1291 war die Herrschaft der Westler über *Outremer* zu Ende. Aber die westlichen Kirchenstrukturen lebten »im Exil« fort, wie Kaspar Elm zeigt; und der Titel eines »Königs von Jerusalem« wanderte mit nach Europa zurück. Bis in die frühe Neuzeit war vor allem bei den »Rittern vom Heiligen Grab« das Ziel der Rückeroberung vorherrschend. Nicht nur Johanniter, Malteser und der Deutsche Orden wirken bis heute. Die Feststellung des Altmentors der Kreuzzugsforschung, Steven Runciman, die gesamte Gesellschaft und Kultur der Franken im Orient sei 1291 »von der Bühne der Weltgeschichte abgetreten«, ist genauso veraltet wie die Vorstellung, diese Kreuzfahrer seien stets nur Tyrannen in der Fremde geblieben.

Von den Mamluken zur Neuzeit

Adler bauten hier ihr Nest und der Mond hat hier seine Wohnstatt. Das soll ein arabischer Historiker zu Ende des 12. Jahrhunderts über die Kreuzfahrerburg Belvoir am Jordangraben gesagt haben. 1189 war die gut 300 Meter über dem Meeresspiegel liegende Feste nach anderthalb Jahren der Belagerung gefallen. Zwei Jahre zuvor war das Heer der Kreuzfahrer von Saladin bei den »Hörnern von Hattin« über dem See Genezareth besiegt worden und Jerusalem wieder an die Muslime verlorengegangen. Nur Kaiser Friedrich II., dem Enkel von Friedrich Barbarossa, der den Dritten Kreuzzug gewagt hatte und auf dem Wege gestorben war, gelang es nach der Zerstörung Konstantinopels im Vierten Kreuzzug 1204 und einem weiteren gescheiterten Kreuzzug gegen Ägypten auf seinem Zug ins Heilige Land 1229 – nicht mit Waffen, sondern per Diplomatie –, Jerusalem noch einmal zurückzugewinnen. Sultan al-Kamil von Ägypten handelte den Frieden mit dem arabischkundigen Intellektuellen auf dem Thron aus, weil ihm mehr daran lag, die zerstrittenen Nachfolger Saladins in Syrien unter seiner Führung zu einigen, als Jerusalem zu bewahren. Die Stadt wurde noch einmal christlich; der Tempelberg aber blieb muslimisch. Auf zehn Jahre wurde der Vertrag geschlossen.

»Euer Gebein soll grünen«

Neben dem Kaiser aus dem Stauferhaus ritten am 17. März 1229 aber nur Ritter des Deutschen Ordens in die Stadt ein. Der Großmeister Hermann von Salza, dessen Nachfolger 1274 mit dem Bau der Feste »Marienburg« an der Nogat beginnen würden, gehörte zu den wenigen Getreuen. Er half dem Kaiser, sich in der Grabes- und Auferstehungskirche die Krone des »Königs von Jerusalem« auf den Kopf zu setzen. Der Papst hatte den freigeistigen Kaiser exkommuniziert. Von allen anderen Rittern und papstgehorsamen Baronen wurde darum der Staufer gemieden. Ein Vertrag mit den Feinden Christi? Das ist schändlich, sagten sie. Zudem habe er nicht das gesamte Heilige Land zurückerhalten und vor allem nicht den Tempelberg, entrüsteten sich die Templer. Während dieser unerfreulichen Wochen in Jerusalem brach Friedrichs Schwiegervater Johann von Brienne an der Spitze eines päpstlichen Heeres in die kaiserlichen Lande Italiens ein. Friedrich eilte nach Akko(n), ließ sich auf dem Weg mit Schmutz bewerfen und verließ im Mai schon wieder das Heilige Land.

Der Waffenstillstand hielt in der Tat länger als zehn Jahre. Die Muslime regierten zwar das Umland, Pilger berichteten weiter von Greueltaten, aber in den Mauern der Stadt wurde weiter die Liturgie gelesen. Mit Saladin war 1187 auch der orthodoxe Patriarch aus Konstantinopel wieder nach Jerusalem gekommen. Im Juli 1244 zogen Türken plündernd in die Stadt. Ihr Massaker beschäftigte später die Archäologen. An einem der Herodianischen Blöcke an der Klagemauer, vom Boden aus in der siebten Reihe unter dem Bogen, der nach seinem Ausgräber Robinson-Bogen genannt wird, fanden sich hebräische Worte: »Ihr werdet's sehen, und euer Herz wird sich freuen, und euer Gebein soll grünen wie Gras«, steht da aus dem Buch Jesaias (Jes 66, 14). Wer meißelte diesen Spruch ein? Einer der großen Jerusalemer Stadtarchäologen, Dan Bahat, mutmaßte lange, ein jüdischer Stadtbewohner werde den Spruch in messianischer Hoffnung dort angebracht haben. In den letzten Jahren aber stießen er und andere unter diesem Spruch auf Gräber aus dem 13. Jahrhundert. Seither wird angenommen, es habe sich um ein Massengrab von Opfern dieser Türken gehandelt; hier seien Christen und Juden zusammen beerdigt worden. Die Stadt fiel kurz darauf an Saladins aijubidische Erben zurück.

Das Ende des Brückenlandes für Europa

Schon zwei Jahrzehnte später wurden die Aijubiden von den Mamluken abgelöst. Das waren Militärsklaven gewesen, die sich allmählich befreiten und die Macht an sich rissen. Die Mamluken konnten nicht nur dem Kreuzfahrerstaat den Todesstoß versetzen. Sie hielten vor allem die Mongolen, die seit der Herrschaft Dschingis Khans aus ihren Steppen raubend und mordend nach Süden und Westen vorgedrungen waren, davon ab, auch Jerusalem zu erobern. Das geschah 1260 etwa 70 Kilometer nördlich der Stadt in der Schlacht von Ain Dschalut. Unter dem ehrgeizigen und gerissenen Sultan Baibars (gestorben 1277) fiel 1265 Caesarea, 1268 Jaffa. Im selben Jahr wurde nach der Ritterburg Beaufort auch das Königreich Antiochien niedergerannt, am 18. Mai die Weltstadt gestürmt und zerstört. 1289 fiel Tripolis; am 18.Mai 1291 erlag Akko(n) dem Sturm der Mamluken. Das Brückenland gen Europa hatte für die nächsten Jahrhunderte ausgedient. Handel wollten die Mamluken mit Venedig oder Genua wohl treiben, aber die Hafenstädte der »Franken« in Palästina wurden – wie Akko(n) oder Atlit – bis auf den Erdboden geschleift. So blieb zwar das Johanniterquartier in Akko teilweise erhalten, aber vom »Haus« des Deutschen Ordens jenseits der engeren Stadtmauer konnten im Sommer 1999 nur Keller und Wasserrohre ausgegraben werden. Das Land sollte keine westchristliche Zukunft mehr haben, sondern abgeschnitten werden von den kirchlichen und säkularen Strukturen Europas.

Dagegen wurde die Straße zwischen Kairo und Damaskus, die alte Via Maris, wieder ausgebaut. In Kairo saß der Herrscher; von Damaskus aus regierte ein Emir

Gaza (David Roberts, 1839)

das Brückenland. Wie schon in früheren Jahrhunderten lag »Kanaan« zwischen diesen Zentren. Jerusalem wurde zu einem spirituellen Zentrum. Macht erlangte es nicht. Mehr wurden in Ungnade gefallene Würdenträger des Reiches dorthin verbannt. Sie schmückten Jerusalem mit Palästen, Hospizen, Koranschulen (Medresen) und freilich auch mit Grabhäusern. Bald nach der Rückeroberung Jerusalems für den Islam hatte der Aijubide Saladin im Verlaufe des Freitagsgebets am 9. Oktober 1187 den Haram al-Scharif mit Rosenwasser »gereinigt«. Saladin begründete auch das heutige Muslimische Viertel östlich der Hauptstraße vom Damaskustor nach Süden, wo bis zu den Kreuzfahrern die Juden gelebt hatten. Die von den Franken errichtete St. Annakirche wurde eine besonders vornehme Rechtsschule des Koran. Andere Kirchen in dem Viertel gab Saladin an Verwandte oder verdiente Offiziere ab. Dabei blieb es auch in den Jahren, für die Kaiser Friedrich die Stadt noch einmal den Christen geöffnet hatte. Der einzige Neubau in diesen Jahren des Staufers wurde nach Klaus Bieberstein und Hanswulf Bloedhorn der Abendmahlsaal, der auf den Ruinen der St. Maria in Monte Zion errichtet wurde. Dieses zweistöckige Gebäude beschrieben Pilger damals schon so, wie es auch heute noch zu sehen ist.

Die stille Blüte

Die Mamluken brachten dem Brückenland eine stille Blüte. Mit ihnen kamen jene Adelsfamilien ins Land, die bis heute die obere muslimische Schicht prägen. Viele der ersten Verhandlungsführer im Dialog mit Israel beziehen ihren Stammbaum mithin auf eine Familientradition von 800 Jahren im Brückenland. So sehr die Mamluken offenbar bemüht waren, jede Anknüpfung an die Zeit der Franken zu vermeiden, nach der Architektur ihrer Zeit vermischten sie gotische Elemente mit ihrer arabischen Kunst und setzten damit einen Stil fort, der an die Kunst der »syrischen Franken« anschloß, zu denen sich Erzbischof Wilhelm von Tyrus gezählt hatte. Kaiser Hadrian hatte im zweiten Jahrhundert den Grundriß Jerusalems gelegt. Der wurde weder von den Byzantinern noch von den Omaijaden oder Kreuzfahrern grundlegend verändert. Unter den Mamluken bekam Jerusalem im 13. und 14. Jahrhundert das Gepräge der arabischen Stadt, wie sie bis heute besteht. Nur noch ein Osmane, Süleyman der Prächtige, hat bis zur Neuzeit entscheidende Bauten hinzugefügt sowie die neue Mauer um die Stadt gezogen. Die Mamluken brachten für Al Quds eine Besonderheit, auf die Angelika Neuwirth hinweist: Während in Damaskus oder Bagdad die wichtigsten Moscheen eingebettet sind in die Zentren von Handel und Verkehr, wurde in Al Quds der Haram al-Scharif vor allem von prächtig ausgestatteten Grabhäusern umgeben. 1317 wurde die Kuppel des Felsendoms neu vergoldet, und Kolonnaden entstanden rund um den Platz.

Schon zur Kreuzfahrerzeit wird auch wieder von einer jüdischen Gemeinde berichtet, die sich unter den Mamluken ausbreiten konnte. Benjamin von Tudela soll um 1172 »unter dem Davidsturm am Rande der Stadt« einer Gemeinde von Färbern vorgestanden haben. 1267 entkam der spanische Rabbi und Gelehrte Nachmanides (1194–1270) den Dominikanern und Papst Clemens IV., die ihm Angriffe auf das Christentum vorhielten, nach Jerusalem und richtete offenbar in einer verlassenen Kirche eine Synagoge ein. Die Ruine der heutigen Rambansynagoge im Jüdischen Viertel geht darauf zurück. In der zweiten Hälfte des 14. Jahrhunderts kamen auch Juden aus Nordeuropa nach Zion. 1350 wird von einem Isaak ha-Levi Asir ha-Tikvah (»der Hoffende«) berichtet, der zu einer messianischen Bewegung gehörte.

Ein Bau – drei Identitäten

Zwischen 1333 und 1336 konnten sich die Franziskaner wieder mit einem kleinen Konvent als erste westchristliche Abordnung in Jerusalem niederlassen. Dieser Orden übernahm für den Papst die »Custodie« über die heiligen Stätten. Die Mönche durften als Gäste den Abendmahlsaal benutzen; aber sie erhielten ihn nicht zum Besitz, denn er war nach Kaiser Friedrichs Frieden in eine Moschee umgewandelt worden. So wohnten die Ordensleute wohl zunächst im früheren Hospiz der Johanniter im Muristan, zogen dann in einen georgischen St. Salvatorkonvent und schließlich in die »Via Dolorosa«. 1428 versuchten Juden, das Stockwerk unter dem Abendmahlsaal zu kaufen. Sie glaubten, dort das Grab von König David gefunden zu haben. Sie konnten »mieten«. Seither verehren sie wohl das Grab eines Kreuzfahrers. Die Mamluken konnten den ausbrechenden Streit zwischen Christen und Juden schlichten. Sie fanden stets Kompromisse. So griffen sie auch ordnend in den Streit der Kirchen um die Grabeskirche ein und überließen muslimischen Familien den Schlüssel. Der Abendmahlsbau (Coenaculum) erhielt damit drei Identitäten: Im Erdgeschoß beten Juden vor einem mittelalterlichen Sarkophag und denken dabei an König David; in der Moschee der Muslime dürfen Christen an das Abendmahl erinnern.

Die Pracht des Süleyman

Innere Schwäche und militärische Rückständigkeit führten nach knapp 300 Jahren zum Sieg der türkischen Osmanen über die Mamluken. Die Osmanli, die Nachkommen von Osman Ghazi, einem turkmenischen Stammesführer, hatten zunächst mit einer Lehnskavallerie und einer Eliteinfanterie, den Janitscharen, sowie einer mächtigen Artillerie 1453 nach Jahrzehnten langsamer Einriegelung Konstantinopel erobert, das Reich von Byzanz ausgelöscht und Istanbul zu ihrer Hauptstadt gemacht. Von dort aus siegte Sultan Selim I. 1516 bei Aleppo. Am 28. Dezember 1516 rückte sein Heer ungehindert in Al Quds ein; im nächsten Jahr nahm er Kairo. 400 Jahre sollten nun bis 1917 die Osmanen regieren. Doch nur in den ersten Jahrzehnten setzten sie ihre Macht durch die Reform der Verwaltung wirksam ein. Sie ermunterten überdies Juden aus Spanien, der Inquisition zu entgehen und ins Brückenland zu ziehen. Diese Juden brachten Tiberias und Safed zu neuer Blüte. Viel größere Gemeinden entstanden freilich jenseits des Brückenlandes in Saloniki und Istanbul. Voraussetzung für die freie Ausübung des Glaubens war die Anerkennung der islamischen Oberhoheit und die Zahlung einer Kopfsteuer. In Jerusalem wurde den Juden ein Teil der westlichen Tempelstützmauer von acht Herodianischen Blöcken als Synagoge überlassen. Das wurde die »Klagemauer«, die von den Juden Kotel oder Westmauer genannt wird.

Nach Salomo, Hiskia, Herodes und Hadrian prägte Selims Sohn Süleyman »der Prächtige«, der von 1520 bis 1566 regierte, als der fünfte wichtige Bauherr die Stadt Al Quds. Er selbst bezeichnete sich in einer Inschrift am Ostportal der Zitadelle als »der zweite Salomo«. Mit ihm kam der Davidstern in unsere Zeit, den dieser Fürst als Salomos Siegel führte. Zunächst aber vertrieb er offenbar die Franziskaner für die nächsten Jahrhunderte aus dem Abendmahlsaal. Das hielt er 1524 mit einer Bauinschrift an der Ostwand fest. Kurz darauf begann er mit umfassenden Renovierungen auf dem Haram al-Scharif. Erst wurden die Fenster im Felsendom erneuert, zwanzig Jahre später das äußere Oktogon mit vielfarbigen Fayencemosaiken und Glasfarbenfliesen versiegelt; so erhielt es sein heutiges Antlitz. Süleyman erneuerte grundlegend die Leitungen, die Jerusalem aus der Region von Bethlehem mit Wasser versorgten, und setzte prächtige Brunnen in die Stadt. Zwischen 1537 und 1540 wurde schließlich die heutige Stadtmauer gezogen. Sie orientierte sich

Jerusalem, Damaskustor (David Roberts, 1839)

am Stil der Mamluken und war von vornherein mehr als Schmuck denn zur Verteidigung gedacht. Daß Süleyman seine beiden »Mauer-Architekten« köpfen ließ, weil sie nicht den Zionsberg in die Stadt mit einbezogen, hält sich seither als Tatsache. Immerhin erhielten die beiden am Jaffator zwei ehrenvolle Gräber.

In den Jahrhunderten danach zerfiel die auf ein Zentrum ausgerichtete Machtstruktur. Um 1660 baute der Drusenemir Fakhr ed Din Akko als seine Residenz wieder auf. Im 18. Jahrhundert beherrschten Beduinenscheichs Galiläa oder das ganze Palästina. Scheich Dahir al-Omer erneuerte die Mauern von Tiberias. Sein Nachfolger, der Bosnier Ahmed Jezzar, ging als Sieger über Napoleon in die Geschichte ein, der in Europa ein neues Interesse für den Orient weckte. Erste Forscher kamen mit ihm und legten in Kairo die Grundlage für die Erforschung Ägyptens und des Brückenlandes. Ein modernes Projekt schwebte dem Kaiser vor. Er wollte das Mittelmeer mit dem Roten Meer verbinden. Die Idee vom Suezkanal war geboren. Napoleon konnte Gaza einnehmen. Vor Akko scheiterte 1799 seine Flotte. 1833 gelang es dem Vizekönig von Ägypten, Ibrahim Pascha, Palästina zu erobern. Unter dem Druck der Großmächte in Europa mußte er zwar dieses Gebiet 1840 wieder abtreten, aber das Brückenland war für Europa wieder geöffnet.

Europa kehrt zurück

1839 eröffneten die Briten ein Konsulat in Jerusalem. 1841 begründeten die anglikanische Kirche und der preußische Staat ein gemeinsames Bistum, das bis zu seiner Auflösung 1886 einen entscheidenden Anteil daran hatte, daß moderne Bildungs- und Gesundheitseinrichtungen ihren Einzug in das Heilige Land hielten. Politik und Religion vermischten sich bei diesem Tun, was sich an den Königen von Preußen gut zeigen läßt. Sie waren fromm und wollten Jerusalem dem Protestantismus öffnen. So kam 1898 Kaiser Wilhelm II. ins Heilige Land und weihte die Erlöserkirche ein, die von denselben Architekten gebaut worden war, die die Schloßkirche zu Wittenberg restauriert hatten, an deren Tor Martin Luther seine 95 Thesen angenagelt haben soll. Ein sonderbares Selbstverständnis: Der Kaiser wollte demütiger Protestant sein; zugleich aber sah er sich als Erbe von König David, Kaiser Friedrich und vertrat die Interessen einer neuen Weltmacht. Er kam als Kreuzfahrer wie ein Templer, aber auch als Johanniter-Hospitaliter. Die Briten und Franzosen sahen ihre älteren Ansprüche bedroht. Die Zaren mit ihrem ausladenden Pilgerhospiz in der Jerusalemer Neustadt waren die Schutzmacht der griechisch-orthodoxen Kirche; schließlich verstand sich Moskau als das dritte Rom.

Während das Osmanische Reich den Krimkrieg 1856 noch einmal überstanden hatte, Paris und London die Russen im Vertrag von Paris zur Anerkennung der territorialen Integrität Istanbuls bewegen konnten, geriet mit dem Eintritt der Deutschen in dieses Mächteringen die alte Balance durcheinander. Die Interessen der Briten und Franzosen gegen Deutschland führten im Ersten Weltkrieg (1914–1918) zum endgültigen Schlag gegen den Bündnispartner der Deutschen am Bosporus. Schon 1874 hatte mit Charles Wilson der britische »Palestine Exploration Fund« begonnen, das Land neu zu vermessen; auch den Tempelberg, wo es seither mehrere Plätze gibt, auf denen einst das Allerheiligste des Tempels Salomo gestanden haben könnte. 1917 rückten die britischen Truppen unter Lord Allenby ein und stellten das Brückenland unter ihre Kolonialverwaltung. Der deutsche Beitrag zum 19. Jahrhundert in Palästina, den vor allem Alex Carmel in Haifa erforscht, blieb zum einen in drei großen kaiserlichen Kirchen zu Jerusalem sichtbar. Neben der Erlöserkirche wurde auf dem Ölberg eine Himmelfahrtkirche errichtet; die Katholiken erhielten in der Nähe des Abendmahlsaals die Dormitio-Abtei der Benediktiner. Mindestens so wichtig war zum anderen das Werk der schwäbischen Templer. Diese Handwerker und Bauern waren seit den siebziger Jahren ins Land gekommen, hatten zunächst in Haifa und dann über Sarona bei Jaffa und Wilhelma bei Lod auch im gefährlich erscheinenden Jerusalem Siedlungen gegründet. Deutschlands wichtigster Orientmaler Gustav Bauernfeind war in diesem Kreis zu Hause.

Die Templer waren wohl die ersten, die außerhalb der Stadtmauern und ohne eigene Ummauerung wie die Juden in den Vierteln Mea Schearim oder Mischkenot Schaananim lebten und arbeiteten. Sie hatten ihren Zuzug um fast ein Jahrzehnt verzögert, nachdem 1858 ein Onkel des Schriftstellers John Steinbeck bei Jaffa ermordet worden war. Zwei pietistische Steinbeck-Brüder waren aus Wuppertal-Barmen auf den »Berg der Hoffnung« nach Jaffa gekommen und hatten zwei fromme Schwestern aus Groton in Massachusetts geheiratet. Nach diesem Schlag zogen die Familien nach Amerika zurück, und John Steinbeck kam in Salinas, Kalifornien, zur Welt. Mit diesen pietistischen Zionisten, die das Land für die Ankunft des Messias vorbereiten wollten und dabei auch den Kontakt mit den immer reicher ins Land strömenden Juden suchten, kam das europäische Handwerk in den Orient. Nach dem Vorbild eines dänischen Musters hatten die schlichten Templerhäuser vergitterte Fenster und grüne Metalläden unter einem roten Ziegeldach. Essigbäume standen in ihren Gärten. Die Templer gaben den Juden ihre Erfahrungen in der Landwirtschaft weiter; deren erste Landwirtschaftsschule »Miqwe Israel« erwuchs aus deutschen Plänen. Amerikanisch-schwedische Pietisten prägten die »American Colony«, wo Selma Lagerlöf ihren Roman »Jerusalem« schrieb.

Zionismus und Spiegelbild

Schon 1848 hatten jüdische Emigranten aus Mittel- und Osteuropa eine neue »aschkenazische« Gemeinde in Jerusalem begründet. 1878 wurde in Petach Tikwa eine erste Landwirtschaftssiedlung eröffnet. Dort konzentrierten sich ungarische Juden wie die Templer auf den Anbau von Orangen, aber auch auf Wein. 1896

Blick auf Jerusalem von der Straße nach Bethanien (David Roberts, 1839)

erschien der Aufruf »Der Judenstaat« von dem Journalisten Theodor Herzl (1860–1904) in Wien, der eine »moderne Lösung der Judenfrage« anstrebte. Im Jahr darauf traf sich in Basel der erste Zionistische Weltkongreß. Herzl wollte vor allem für die von Pogromen und Armut verfolgten »Ostjuden« Europas eine Heimstatt finden, und er dachte dabei nicht nur an »Palästina«. Während mit der ersten Einwanderungswelle (Alija) von 1882 an Juden in die Heimat ihrer Vorväter auswanderten, gelang es Herzl noch nicht, die Reichen und Mächtigen für seine Vision einer Staatsgründung gewinnen.
Aber der Volksstrom nach Palästina war nicht mehr aufzuhalten. Die zweite Alija zwischen 1904 und 1914 gründete 1909 auf dem Sand nördlich von Jaffa Tel Aviv; es entstanden mit Degania am See Genezareth die ersten Kibbuzim. Die Sieger des Ersten Weltkrieges im Brückenland, die Briten, beschlossen 1917, den Juden eine »nationale Heimstatt« zu schaffen. Das britische Völkerbundsmandat (1920–1948) aber war dem Konflikt zwischen den alteingesessenen Arabern und den einwandernden Juden nicht gewachsen. Schon vor der Jahrhundertwende – die Chalidi-Bibliothek in Jerusalems Altstadt zeigt das – entwickelte sich ein eigenständiges, gewiß noch elitäres palästinensisches Nationalgefühl. Was die Schoah der europäischen Juden unter den Deutschen im Zweiten Weltkrieg nur noch beschleunigte und die Vereinten Nationen mit ihrem Teilungsbeschluß 1947 sanktionierten, nahm David Ben Gurion am 14. Mai 1948 in die Hand. In einem Kino von Tel Aviv lud er vertraulich zu einer zionistischen Hauptversammlung ein und rief den souveränen Staat Israel aus. Aus den verschiedensten Kulturen brachten die Juden ihre Identitäten mit. Die Bauhaus-Architekten bewiesen in Tel Aviv ihre Kunst. Polnisch wurden zunächst die Kibbuzim und die Küche.
Schon der Jubel über die Staatsgründung wurde von Kampffliegern der feindlichen arabischen Armeen übertönt. Ein halbes Jahrhundert verging, Kriege und Terror zehrten an den Menschen, bis sich Israel seinen Platz im Brückenland erobern konnte. Das Datum dafür wurde nach dem Frieden mit Ägypten 1979 die gegenseitige Anerkennung der Israelis und der PLO-Palästinenser im September 1993. Israel hatte im Abschüttelungskampf, der palästinensischen »Intifada«, ver-

loren. Zugleich kapitulierten die Araber vor dem Staat Israel. Er wurde zum Vorbild der Palästinenser, die seither wie in einer Art »Spiegelzionismus« nach Vertreibung und Demütigung versuchen, auch eine Demokratie zu bauen. Unter ihrem Freiheitskämpfer Arafat bewahrten die Palästinenser zwar ihre Einheit, aber nur schwer vermochten sie sich aus dem Kriegszustand zu lösen. Nur langsam wuchs das Vertrauen auf die Macht demokratischer Freiheiten. So ähneln sich die Entwicklungen; Palästina eifert Israel nach und ist zugleich von Israel abhängig. Diese Zweiheit in Wettstreit und Abhängigkeit ist die bisher letzte Übergangsphase der Geschichte, die mehr von Kontinuität als von Brüchen geprägt ist. Jerusalem bleibt beider Völker Hauptstadt und gehört zugleich der Welt. Wie in der gesamten Historie ist das Brückenland weiter Heimat vieler Kulturen. Vor allem Ost und West berühren sich; die Ideale der säkularen Demokratie des Abendlandes stoßen auf ein morgenländisch-religiöses Lebensgefühl. In der jungen Generation vermischt sich auf beiden Seiten ererbte Identität mit erlebter Gegenwart und wartet auf die friedliche Osmose.

Das Erbe von Reichtum und Vielfalt

Die Geschichte des Brückenlandes von seinen Anfängen bis zu seiner Doppelstaatlichkeit von Israel und Palästina heute erscheint wie ein Mahnmal für Toleranz und Humanität. Denn das Verschiedene liegt so dicht beieinander und mußte von altersher miteinander auskommen. Nicht nur Menschen verschiedenster Prägung hatten den Ausgleich zu finden. Verschiedene Klimazonen beherrschen die Küste, Galiläa, das Jordantal, das Tote Meer und die Küste am Roten Meer. Sie prägen die unterschiedlichste Fauna und Flora. Diese Vielfalt der Umwelt schaffte sich auch unterschiedliche Menschen. Da ist es kein Wunder, daß sich diese Vielfalt nicht zu einer starken Einheit binden konnte.
Das Brückenland war nur unter den Israeliten politisches Zentrum; freilich lag es an der Peripherie und war schwächer als die großen Nachbarn, auch schwächer als die philistäischen oder phönizischen Städte. Zunächst wurde das Land durch den Machtkampf zwischen Ost und West, Babylon und Ägypten zerrissen, später durch die Ansprüche des Nordens: Hellas, Rom, Byzanz, bzw. Osmanisches Reich. Nach dem Stil der jeweiligen Bauherren wurde in dem Land mehr babylonisch oder ägyptisch-phönizisch, mehr syrisch oder griechisch, mehr römisch oder türkisch gebaut. Dabei entwickelte sich bisweilen ein eigener Mischstil, dessen bedeutendstes Beispiel wohl der Tempel des Salomo ist, von dem es aber keine baulichen Spuren mehr gibt. So besaß das Land stets eine vom Fremden mitbestimmte Identität. Nicht einmal die jüdische Bibel hat ihre Heimat allein im Brückenland. Die Erfahrungen des jüdischen Exils im Zweistromland prägten mit. Das christliche Buch, zu Teilen eine Provinzgeschichte aus Galiläa, wurde auch griechisch-hellenistisch inspiriert. Der Koran ist nur zum kleineren Teil im Brückenland zu Hause.

Israels Stil?

Die in Europa fern vom Brückenland entwickelte zionistische Idee von diesem Israel konnte sich nie vollends entfalten. Das lag nicht nur an den fünf Kriegen, sondern an den so verschiedenen Menschen, die diesen europäischen Traum im Brückenland umsetzen sollten. Nach Herzls Roman »Altneuland« wollen das neue Tel Aviv und das auf talmudische Zeit zurückgehende Haifa entstanden oder ausgebaut worden sein. Tatsächlich aber wuchsen Israels Städte ohne Plan und Meisterhand in allen denkbaren Baustilen; das deutsche Bauhaus prägte Straßenzüge in Tel Aviv, aber sonst nur Häuser hier und dort. Fast blieben die Kolonien der deutschen Siedler im 19. Jahrhundert, der Templer in Haifa oder Jerusalem bis heute nach ihrem Stil prägender als alles, was seither in den Zentren entstand. Die Hotelburgen von Eilat am Roten oder Ein Bokek am Toten Meer laden ihre Gäste nicht in einen Ort ein, sondern in eine Hotelwelt, in Ghettos ohne Alltagsleben und Alltagsmenschen.
Bei den Notwendigkeiten einer millionenfachen Alija zwischen fünf Kriegen (Unabhängigkeits-, Suez-, Sechstage-, Yom-Kippur- und Libanon-Krieg) bis zu einem

ersten Ausgleich mit Ägypten 1979 sowie einer ersten Anerkennung zwischen Israel und den Palästinensern (Oslo 1993) schien sich »Ästhetik« auf »private« Kunst zu beschränken. Malerei, Theater und Musik wurden zur Erholung vom öffentlichen Leben im Kriegszustand. Erst nach dem Sechstagekrieg 1967 entwickelte zumindest Jerusalem unter Bürgermeister Kollek eine »neue«, wenn auch rückwärtsgewandte Ästhetik für seine Stadt. Dabei hilft bis heute eine israelische »Altertumsbehörde« der Archäologen, die freilich oft gegen religiös bestimmte Versteifungen kämpfen muß. Eine enge »jüdische Erziehung« sieht das »Land Israel« nur jüdisch geprägt. Die christlichen und muslimischen Epochen werden dabei wie Irrtümer der Geschichte behandelt. Archäologen, Historiker und weltliche Erzieher kämpfen da gegen orthodoxe Rabbinermacht. Das Jüdische Viertel in der Altstadt orientiert sich an den arabischen Vorläuferbauten; aber es zeigt auch ein starkes Selbstverständnis in dem Aufmarschplatz vor der West- bzw. Klagemauer, der als Aufmarschplatz zur Vereidigung der Rekruten den Massadafelsen ersetzte.
Während Tel Aviv keine Furcht vor Hochhäusern hat, wurde in Jerusalem erst in den neunziger Jahren die mit den Kaiserkirchen Anfang des Jahrhunderts geprägte Stadtkulisse durch hohe Bauten durchbrochen. Weiter aber regieren Zweckmäßigkeit und Inwärtsgewandtheit das Bauen. Allein der weiße »Jerusalemstein« aus den Hebronbergen ziert; mit ihm muß seit der britischen Mandatszeit jedes Haus der Hauptstadt verkleidet werden. Dieser Stein gibt eine gewisse Einheitlichkeit und macht die Stadt im Sommer gleißend hell.

Das palästinensische »Gegenmodell«

Wie die verengte »jüdische Erziehung« neigen auch der palästinensische Nationalismus, ein Spiegelkind des jüdischen Zionismus, und der islamistische Fundamentalismus als Reaktion auf die Entwurzelung in der Moderne, die Geschichte »ihres« Landes Palästina so zu sehen: Es habe nie einen israelitischen Staat gegeben und nie einen jüdischen Tempel, behaupten Muftis auf dem Haram al-Scharif, gegen den Koran. Die Kanaaniter seien schon Araber gewesen, kann man widersinnig in Moscheen oder gar von palästinensischen »Historikern« hören. Tatsächlich gibt es eine Kontinuität, wonach die seit Jahrhunderten im Brückenland lebenden Menschen auch die Erben seiner Geschichte sind. Nach den Kreuzfahrern kamen arabische Siedler in das Land, die bis heute die palästinensische Gesellschaft führen, Landbesitzer, wenn sie Israel nicht enteignete. Es gibt auch die Kontinuität, nach der einstmals heidnische Sippen erst jüdisch, dann christlich und schließlich muslimisch wurden.
Im übrigen aber steht der neue palästinensische Staat im selben Kampf wie das säkulare Israel. Die komplexe Geschichte wird zumal von Religiösen instrumentalisiert und nur in eine Richtung gelesen. »Palästina« schwächt sich auch dadurch selbst, daß die Palästinenser nach dem zionistischen Vorbild, aber noch einmal 50 Jahre später, einen Nationalstaat schaffen wollen, während die Welt »global« oder »international« zu denken trachtet. Zwei überaus verspätete Nationen müssen so zueinander finden. Vor allem Palästina kann nicht gegen Israel überleben. Zugleich aber sinnen beide Völker auf »physische Abtrennung«. Schließlich kommt in Palästina noch etwas demütigend hinzu: Armut, Korruption und die Schwäche, eine effektive staatliche Organisation zum Nutzen seiner Bürger zu schaffen.
Das hat auch seinen baulichen Niederschlag: Zersiedlung der Tälerlandschaft zwischen den fruchtbaren samarischen Bergen und der Judäischen Wüste. Sie wird nur noch unansehnlicher gemacht durch die auftrumpfenden jüdischen Siedlun-

gen mit ihren roten Dächern auf den Höhen. Allein privater Initiative ist es zu danken, wenn in Palästina neben den spektakulären Bauresten der Geschichte auch kleinere erhalten werden, wie die Kreuzfahrerburg al-Burdsch in Dschivna. Die Restauration von Jesu Geburtsstadt durch viele Staaten im Programm »Bethlehem 2000« mag als Vorbild für eine Möglichkeit gelten, Hebron dereinst ähnlich ein Gesicht zu geben. In Nablus wird mehr restauriert, als der flüchtige Besucher ahnen kann.

Abrahams Erbe

Das Hauptproblem beider Nationen ist der Widerspruch zwischen den historischen Ereignissen im Brückenland und der durch Bibel und Koran konstruierten Anspruchsgeschichte. Diese imaginäre Geschichte wirkt weit mächtiger als die »nackte« Historie. Patriarch Abraham, ob es ihn gab oder nicht, wird von den Priestern der Bibelredaktion als Religionsgründer beschrieben. Er überwindet die Götter, befreit von ihren Kulten. Seine welthistorische Bedeutung liegt darin, daß er im Menschen das Spiegelbild Gottes erkannte. Damit gab er dem einzelnen und seinem abrahamidischen Volk die Kraft, unabhängig von zürnenden Göttern zwischen Gut und Böse zu unterscheiden. Abraham emanzipierte so einen ganzen Kulturkreis von der Götter Haß und Neid und unterwarf den Menschen seinen eigenen ethischen Geboten. Diese Freiheit aber, die Abraham brachte, wurde in der weiteren Nationalgeschichte des jüdischen Volkes in der Regel mehr verengt als gepflegt. Ein doppelter Prozeß: Einmal lebt die Welt bis heute in ihrer Philosophie vom Beitrag des hellenisierten Judentums in Geisteshauptstädten wie Alexandria, wo die »Septuaginta« entstand, weil wohl die griechisch sprechenden Juden nicht mehr des Hebräischen in der Bibel mächtig waren. Gegen diese Öffnung lebte stets aber auch die Gruppe jener weiter, die auf »Verengung« und Abkapslung sahen. Sie warfen den mit Abraham denkenden Befreiern Assimilierung vor. Sie setzten auf Moses.

Moses, ob es ihn gab oder nicht, verwandelte die Philosophie der Freiheit des Abraham und jedes einzelnen, der sich beschneiden ließ, in das Nationaleigentum einer Gruppe, die sich in den Gegensatz zu ihrer Umwelt stellte. Die Mosesgruppe definierte ihre Identität vor allem in Feindschaft zum mächtigen Ägypten, das sie als moralisch minderwertig karikiert. Auf Moses können sich die Verenger berufen, die offenbar immer auch Feinde brauchen. Im Phantom der israelitischen »Landnahme« wurde die monotheistische Philosophie in der Bibel literarisch mit Äxten und Speeren versehen. Die Israeliten hätten von Jericho bis Megiddo alles niedergemacht, heißt es. Tatsächlich aber verbreitete sich Abrahams Philosophie langsam und friedlich über das Brückenland und ordnete die Mosesgruppe zunächst ein. Wohl auch aus Neid auf die reichen Regime an Euphrat und Nil dichteten die Bibelredaktoren im Exil David und seinen Nachfolgern Reiche an, die diese Kleinkönige mit zwergenhafter Verwaltung niemals beherrschten. Die Weisheit des Salomo war wohl in Wahrheit größer als sein Reich, sein Heer und seine Architektenschar.

Die Entscheidung, den einzelnen zu beschneiden und damit persönlich die Treue zu Gott »im Fleisch« zu markieren, wie es Abraham verordnet hatte, schloß nach der nackten Geschichte die Toleranz gegenüber dem Fremden nicht aus. Das machte es auch möglich, daß Salomon in Jerusalem ein älteres Heiligtum des El nutzte, um mit den alten Mauern den ersten Tempel zu errichten. Anders als Machthaber später – der weströmische Kaiser Hadrian oder der oströmische Konstantin – ließ Salomon den Tempel der Vorgängerreligion nicht schleifen; er verdrängte und überbaute nicht. Salomon integrierte wohl den alten Bau. An all diesen Zeichen der offenen jüdischen Religion hatten die Bibelredaktoren, die Jahrhunderte nach den Ereignissen im Exil den Bibelkodex niederschrieben, kein Interesse. Es ging ihnen mehr um Moses als um Abraham.

Es war dem Perserkönig Kyros zu danken, daß Juda nach der Babylonischen Gefangenschaft im 6. vorchristlichen Jahrhundert in einer abhängigen Autonomie wiedererstehen konnte. Doch das von den Priestern im Exil am Euphrat formulierte judäische Staatsgesetz der Bibel war enger als Abrahams Gebote. Der religiöse Auftakt des Monotheismus wurde in das Gefängnis einer Staatsräson gesteckt. Das von Abraham als Ausbreitungsgebiet seiner Religion in variablen Grenzen verstandene Brückenland wurde als Staatsland grundbuchgemäß aufgeschrieben; so wurde für Hebron ein Kaufvertrag des Abraham über Machpela – die Grabhöhle seiner Familie – aufgesetzt. Das war das nachgereichte »Papier«, um das Land von den Edomitern zurückzufordern, denen Kyros wohl eine Autonomie um Hebron herum versprochen hatte.

Die auf eine politische Theologie ausgerichtete Bibel verzeichnete die Historie geradezu. Sie stellte zum Beispiel das politisch viel wichtigere Nordreich mit seinem Tempel auf dem Gerizim als minderwertig dar und ließ Juda wegen seines vermeintlich größeren Gottesgehorsams den Vorrang. So unterdrückte die Bibel die historische Dualität zwischen Nord und Süd. Der Jerusalemer Berg Moriah erhielt gegenüber dem Gerizim der Samariter ein Monopol, wiewohl die Bibel in eigenem Widerspruch auch den Hinweis gibt, daß dort und nicht auf dem Moriah Abraham seinen Sohn habe opfern sollen. Dieses judäische Monopol wird von den Christen übernommen. Wiewohl sonst nicht judenfreundlich, konnten die byzantinischen Herrscher im 6. Jahrhundert im Geist dieser jüdischen Ablehnung des Nordens die Samaritaner fast vollständig ausrotten.

Der sich im Christentum allmählich entwickelnde Antijudaismus, bei dem die Juden ohne Staat gegenüber einem langsam verstaatlichten Christentum schon aus Schwäche Opfer werden mußten, verstärkte die in sich abgrenzenden Mosestendenzen des Judentums. Die Philosophie der Freiheit vor Gott bei Abraham wurde durch äußere Identitätsbeschwörung ihrer verinnerlichenden Absicht beraubt. Auch hier gab es einen doppelten Prozeß. Zum einen wollten herrschende Muslime oder Christen die Juden auch äußerlich absondern: Der spitze Hut wurde befohlen oder der »Judenstern«. Zum anderen aber sonderten sich zumindest ultraorthodoxe »Gottesfürchtige« auch selber ab. Sie kleiden sich bis heute zum Beispiel im schwarz-weißen Gewand polnisch-katholischer Kleinadliger. Die Furcht dieser Haredim vor Gott erstickt die Freiheit und Liebe mit Gott. Zugleich sorgte dieses Moses-Judentum der Verengung für die kontinuierliche Basis, aus der immer wieder die Abrahamgetreuen hervorgingen.

Das Christentum verriet immer wieder seinen jüdischen Bruder und wurde zu des Juden größten Feind. Der Jude Jesus ist mehr als nur die drei Male des Petrus verleugnet worden. Die Schoah im 20. Jahrhundert wurde der Gipfel dieser Entwicklung vom religiösen Antijudaismus zum politischen Antisemitismus. Eine Etappe waren dabei die Kreuzzüge. Sie richteten sich nicht nur gegen die Muslime und ihre Herrschaft über die Heiligen Stätten, sondern auch – wenn wohl nur in dem zeitgeistgemäßen Maß – gegen alles Fremde. Die Eroberung des Brückenlandes begann mit Pogromen der Laien gegen die Juden in Europa. Die vor allem militärische Bibeltradition von König David war politisch für Kaiser, Könige und Aristokratie relevanter als das Erbe Abrahams. Europa schickte die Krieger aus. Aber es hatte letztlich kein Interesse am Brückenland; eine Integration der »syrischen

Jaffa, Blick nach Norden (David Roberts, 1839)

Franken«, eine neue Identität ließen Kaiser und Papst nicht zu. So entließ das Heilige Land die »Soldaten Christi« wieder.
Die Franken schlugen auch auf Ostrom ein und bereiteten so das Ende des Byzantinischen Reiches vor. In Konstantinopel war seit dem Siebten Ökumenischen Konzil von Nicäa 787 die theologische Tradition gefestigt und in ein Zeitverständnis einzementiert worden, das sich vor allem »zurück zu den Vätern« orientierte. Die Verehrung der Aposteltradition von Jerusalem hatte die Form der Liturgie und des Kirchenjahres bestimmt. Sie ist bis heute bewahrt, aber ihre Rückgewandtheit ließ sie zum Opfer der Staatsdoktrin werden. Letztlich unterlagen die byzantinischen Väter der »geistigen Wiese«, die Mönche im Brückenland, gegenüber der Hierarchie von Kirche und Staat in Konstantinopel.
Es ist den Muslimen zu danken, daß sie trotz aller Grausamkeit im »Dhimmi-Recht« für »Schutzbürger« vor und nach den Kreuzzügen die Spannung zwischen Juden und Christentum abfederten. Das war freilich nicht die Absicht der Kalifen und Sultane, sondern folgte aus ihren jeweiligen politischen Interessen. Sie retteten so zum Beispiel viele Juden vor der Inquisition in Spanien und holten sie nach (arabisch) Safet oder Tiberias. Im übrigen wahrten die seit dem 16. Jahrhundert herrschenden Osmanen – nach ersten Anfängen der Staatsreform – Palästina in einer solch ungeprägt erscheinenden Öde, daß nach Napoleons Afrikafeldzug 1799 und einer ersten Modernisierung durch Ägyptens Mohammed Ali das christliche und jüdische Europa glaubten, man könne wie in ein Vakuum ins Brückenland vorstoßen. Das war ein Irrtum, der im 20. Jahrhundert mit den israelisch-arabischen Kriegen bezahlt wurde.
Aus diesen letzten hundert Jahren gingen die Palästinenser als eine neue arabische Identität hervor, vielfach geprägt durch das gesamte Erbe des Brückenlandes von Abraham und Ismael bis zu den Osmanen, aber auch politisiert als »spiegelzionistischer Bruder« der Israelis. Zu Beginn des Jahrhunderts schrieben die herrschenden Familien Jerusalems gegen den Eindruck, es gebe keine eigenen Strukturen, es herrsche Vakuum. Dann schärfte sich die Identiät der lokalen Araber gegen die Bevormundung durch die Fremden; sie kämpften gegen Briten und Zionisten

gleichermaßen. Dabei gab es eine religiöse und eine säkulare Strömung, eine nationale und eine panarabische. In der PLO setzte sich dann in den sechziger Jahren eine säkular-nationale Mischbewegung durch, die seit 1988 in Palästina den Spiegelstaat Israels in demselben Brückenland forderte.

Die Brücke als Heimat

Wenn es eine gemeinsame Identität gibt – dann ist es mithin der gemeinsame Anfang in der kanaanitischen Frühgeschichte und die Mischung aus Ursprung und Abbild in der Gegenwart. Zugleich bestimmt diese Identität auch, nicht Zentrum, sondern Peripherie zu sein. Im Altertum stand keines der sieben Weltwunder im Brückenland. Aber vom Brückenland aus waren alle Weltwunder ziemlich gleich weit entfernt, so als klopfe hier das Herz, das an den Peripherien die starken Hände bauen läßt. So wie König Salomon seine Bauleute aus Libanon holte, so wie König Herodes den römischen Stil mit dem orientalischen mischte, so mischt sich auch heute das meiste in Israel und Palästina.

Das Brückenland ist so gebrochene Heimat: Für Juden allenthalben ist Israel nicht nur der einzige Staat, wo sie vor Verfolgung sicher sein können. Sie ist alltägliche Heimat im Gebet und im historischen Erinnern. Ob Christ in New York oder Moskau – das Heilige Land gilt als geistige Heimat wegen seines Heilsgeschehens. Und für Muslime bleibt Jerusalem die drittheiligste Stadt, die – wie für Christen und Juden – den Weg zum Himmel öffnet, wo der Prophet Mohammed in seiner Nachtreise Essenzen des Koran in Empfang nahm, Gebote und Gebete. Das Brükkenland ist so auch Nadelöhr allen religiösen Sehnens und Hoffens. Zudem werden auch Nichtgläubige durch dies Land und seine Geschichte in dem Maß geprägt, wie Religion zum säkularen Humanismus wurde.

Enttäuschte Sehnsucht?

Jerusalem bildet wohl den größten Friedhof der Welt. Daß dies Land trotz all der Widerstände und Widersprüche, all der Vorurteile und des Hasses auch Ort des Lebens sei, muß jeder Tag von neuem beweisen in der vereinten und doch zweigeteilten Hauptstadt zweier Völker, die kaum Freunde werden können. Der Terror der Islamisten und der Fanatismus mancher jüdischer Nationalisten machen es schwer, das Brückenland als Brücke zu sehen. In Israel wurde der von liberalen und säkularen Juden gebildete Zionismus usurpiert. Die Mosesanhänger machen es den Abrahamanhängern schwer. National-religiöse Siedler halten das Leben in Israel in der Krise. Tatsächlich wird die Zahl der Auswanderer aus diesem Israel nicht gezählt; sie scheint größer zu sein, als man es 100 Jahre nach der Geburt des Zionismus für möglich halten könnte. Israel wurde zugleich Ziel für Wirtschaftsflüchtlinge. Viele jüdische Russen reisten mit Verwandtschaft ein; sie machen ihr »Recht auf Rückkehr« geltend, aber sie sind wohl nach ihrer Herkunft zu 20 Prozent orthodoxe Christen. Das verändert die »jüdische Identität« Israels. Wenn ihnen ihr Leben in Israel nicht glückt, wandern diese Russen auch weiter. Die Mehrheit der Palästinenser, zumal die Christen, leben außerhalb ihrer angestammten Heimat. Nur Ärmere kehren zurück.

Das Brückenland war stets ein modernes Land: Hier »erfanden« die Kanaaniter das Alphabet; hellenisierte Christen formten die Schriftrolle zum Kodex. Vor allem befreite sich hier der Mensch von der Rache der Götter. Abraham ist der erste Philosoph, der sich als Ebenbild Gottes erlebte und darum mit Gott um jeden einzelnen Gerechten in Sodom und Gomorrah kämpfen konnte. Die Juden stellten sich als erstes Volk einem einzigen Gott, der alles stetig wieder neu machen und den Menschen aus der Enge seiner Geschichte herausführen kann. Juden- und Christentum geben dem Individuum eine göttliche Spiegelidentität, die ihn befreien könnte von einer historischen Rückorientierung, die nur Illusion bleiben kann.

Gleichwohl erscheint oft die Rückorientierung stärker als der Blick mit Abrahams Augen nach vorn. Die Neigung zur einengenden Rückbesinnung auf die »heile« jüdische oder die »heile« arabische Vergangenheit ist Beispiel für Bequemlichkeit und Feigheit. Der moderne Mensch, der sich im Brückenlande schuf, nimmt die Schöpfung nur mißmutig in seine Hand. Er zerstört eher sich und die Natur. Wo bleibt da Abrahams Toleranz zu Isaak und Ismael? Versagt das Brückenland? Nein. Diese Region hat stets auch mit unbeantworteten Fragen überlebt. Das ungelöste Problem gehört mit zur Identität. Europa und die Welt halten hingegen oft unpassende Antworten bereit. Dabei beziehen sie einen Gutteil ihrer Identität aus der Historie des Brückenlandes: Von den hellenisierten Juden in Alexandria zu Paulus in Rom, von der Pilgerin Egeria, die dem Westen die Liturgie Jerusalems brachte, zu den muslimischen Wissenschaftlern im Mittelalter, von den Kreuzzügen zu Napoleon, vom Krimkrieg zur Orientromantik, von Regierungskrisen in Frankreich durch »falsche« Äußerungen eines Ministerpräsidenten in Palästina bis zur Pilgerreise von Papst Johannes Paul II. trägt dies Brückenland zur Identität der Welt bei, in »für Fremde« leichter verträglichen Dosen. Dies Fleckchen ist der Spiegel für die Menschheit, immer wieder gescheiterte Sehnsucht und neues Bemühen.

DIE BILDER

Der Golan und das Bergland von Obergaliläa

Abseits der Straßen und bisweilen noch immer nicht recht erschlossen, erhebt sich im Norden des Brückenlandes Obergaliläa mit seinen Bergen und wogenden Tälern. Langsam, über mehrere Stufen geht es vom Mittelmeer hinauf. Immer wieder versperren die libanesischen Berge den Blick nach Norden. Der Meron mit seinen 1208 Metern bezeichnet die höchste Erhebung Obergaliläas. Zefat ist mit etwa 25000 Menschen die größte Stadt in der Region. Dieser den Juden »heilige« Ort liegt nur etwa zehn Kilometer Luftlinie vom See Genezareth entfernt. Doch 1100 Meter tief und nur über Serpentinen führt der Weg zur Ostgrenze Nordgaliläas hinab. Obergaliläa ist reich an jüdischem Erbe in byzantinischer Zeit. Die Synagoge in Bar'am gilt als eine der schönsten in Galiläa. In dieser Region konnte das Christentum nie recht Fuß fassen. Dafür drängte im 7. Jahrhundert der Islam hier schneller vor.

Auf der anderen Seite von Jordangraben und Huletal erhebt sich der Golan, der im Norden vom Hermonmassiv begrenzt wird. 2814 Meter ragt der Hermon aus Jurakalk als höchster Berg in den Himmel. Israel, Syrien und Libanon stoßen hier aneinander. Nirgendwo sonst fällt so viel Regen. Allein in den Drusendörfern am Fuße des Hermon und im libanesisch-israelischen Grenzland gedeihen neben den Äpfeln und dem Wein auch Kirschen. Das gilt schon nicht mehr für den Golan aus grauem Basalt mit seinem unfruchtbaren Boden. Sein flaches Plateau, das sich steil über dem See Genezareth erhebt, fällt sanft nach Syrien ab.

Nach dem Ersten Weltkrieg wurde der Golan erst den Briten, 1923 dann dem Mandat der Franzosen zugesprochen. Schließlich fiel diese strategisch wichtige Höhe an Syrien. 1967 eroberte Israel das Plateau.

Als die Vereinten Nationen das Brückenland 1947 aufteilten, sollte Galiläa zum arabischen Palästina werden. Auch wenn Israel 1948 das gesamte Land in seinem Unabhängigkeitskrieg eroberte, die Mehrheit der Bewohner Obergaliläas blieb bis heute arabisch.

Der **Golan** lädt nicht zum Verweilen ein. Ihn prägt mehr rauhe nordische Schönheit, ganz im Gegensatz zur subtropischen Üppigkeit am Ufer des Sees Genezareth. Tscherkessen und Syrer mußten den Golan 1967 verlassen. Nur im Norden blieben die Drusen am Fuße des Hermon in ihren reichen Dörfern wohnen. Israelische Siedler zogen nach. Sie betreiben mehr Viehzucht als Ackerbau. Das unberührte Bergland lockt das Wild, Gazellen und Wölfe.

Der Jäger Nimrod soll Urenkel von Noah gewesen sein, dem Herrscher über Babylon: ein stolzer Herrscher, erzählen die Drusen. Nimrods Name lebt mit dieser Burg fort. Sie war nur kurz Kreuzfahrerfeste. Im wesentlichen verteidigten sich von hier aus die Muslime gegen die Franken.
Auf dem etwa 400 Meter langen und 100 Meter breiten Bergrücken besaßen die muslimischen Assassinen einen Stützpunkt. Gegen diese geheime Bruderschaft aus Persien, deren Name in dem englischen »assassin« (gedungener Mörder) genauso weiterlebt wie im Haschisch, gingen wohl 1126 die Herrscher von Damaskus vor und verdrängten sie. In jenen Jahren hatten die Kreuzfahrer im Brückenland noch nicht viel von den in sich zerstrittenen muslimischen Fürsten zu befürchten. König Balduin II. konnte darum die **Burg Nimrod** 1129 kampflos von den Assassinen übernehmen. Der fränkische Graf Renier de Brus erhielt sie zu Lehen und baute sie aus. Doch schon 1132 fiel sie an Damaskus. Zwischen 1139 und 1164 war sie noch einmal fränkisch.
Aijubiden und Mamluken nannten die Feste Qal'at Subeibe. Sie gaben Nimrod in mehreren Kampagnen 1228, 1240 und 1260 den heutigen Grundriß. Nach dem endgültigen Sieg über die Franken verlor sie ihre Bedeutung und verfiel.

Banias gehört vielleicht zu den ältesten heiligen Stätten im Brückenland. Schon die Kanaaniter opferten hier an einem Naturheiligtum. In hellenistisch-römischer Zeit wurde an dieser reichlich fließenden Quelle Pan angebetet, der dem Ort seinen Namen gab.
In den letzten Jahren gruben Archäologen die Stadt der fränkischen Kreuzfahrer und darunter römische Reste der regionalen Hauptstadt Caesarea Philippi aus. Banias dürfte eine wichtige Grenzstation auf dem Handelsweg zwischen dem Frankenland und der arabischen Welt gewesen sein.
Die Besucher lockt freilich vor allem die »Pangrotte« über der Quelle. In den Nischen der grauroten Felswand standen wohl Statuen von Nymphen und von dem bocksfüßigen Pan.
Der Banias ist ein Quellfluß des Jordan.

Ganz aktuell ist die Ausgrabung eines kanaanitischen Stadttores (*linke Seite*) aus gebrannten Ziegeln auf dem **Tell Dan**. Das Tor stammt aus dem 18. Jahrhundert v. Chr. Schon kurz nach seinem Bau wurde es nicht mehr genutzt. Der Regen hatte offenbar die Ziegel zersetzt. Das Tor wurde zugeschüttet und überlebte so. Es ist das einzige fast ganz erhaltene Stadttor aus jener Zeit und wohl das einzige aus Ziegeln. Archäologen glauben nun, dieser Bau sei ein Hinweis auf Architekten aus dem trockenen Zweistromland, wo man anders als in Galiläa nur mit Ziegeln baute. Gab es in der Mittleren Bronzezeit eine Art Völkerwanderung, mit der vielleicht auch Abraham aus Ur, wo das Vorbild für das Stadttor gestanden haben mag, nach Kanaan kam? Ägyptische Quellen nannten die Stadt Lais. Offenbar bezeichnete dieser Ort schon in der israelitischen Epoche des 9. und 8. Jahrhunderts die Grenze nach Norden, zum heutigen Libanon. Auf einer Siegesstele, die zerborsten auf dem Tell gefunden wurde, wird ein »Haus David« erwähnt; der einzige Hinweis auf Jerusalems König außerhalb der Bibel. 732 v. Chr. beendete der Sieg der Assyrer die Stadtgeschichte. Die Araber nennen den Ort Tell al-Qadi (Richter-Hügel). Das mag auf den gepflasterten Vorplatz am Stadttor (*rechte Seite oben*) anspielen, wo Spuren (*hinten rechts*) eines »Gerichtsstuhls« gefunden wurden. Zwei Generationen nach David soll der König des Nordens, Jerobeam I., ein Kalb als Heiligtum über der Danquelle (*rechte Seite unten*) verehrt haben. Der Dan ist ein weiterer Quellfluß des Jordan.

Gamla gilt als das »Massada des Nordens«. Geier, die hier beschützt und beobachtet werden, kreisen über dem Bergsporn, der einst eine kleine, wehrhafte jüdische Festungsstadt trug. Flavius Josephus berichtet über den Kampf dieser Stadt gegen die Römer. 66 n. Chr., der Aufstand hatte gerade begonnen, wurde der eigentlich unbedeutende Ort zur Verteidigung gerüstet. Viele tausend Flüchtlinge sammelten sich in ihm. 4000 Juden sollen im Kampf gefallen und 5000 beim freiwilligen Todessprung in die Schlucht umgekommen sein, als die Römer sieben Monate später im Jahr 67 die Stadt eroberten. Reste einer Synagoge (*linke Seite*) sind gut zu erkennen; so auch Privathäuser, Ritualbäder und Wirtschaftsgebäude.

Zu den frühen byzantinischen Synagogen gehört nahe der libanesischen Grenze jene von **Bar'am** aus dem 3. Jahrhundert. Sie gilt als das älteste jüdische Bethaus in Galiläa. Synagogen als Treffpunkt und zum Thora-Studium gab es schon früher. Aber erst nach der Zerstörung des Tempels von Jerusalem wurden Synagogen zu einer Art »Tempelersatz«. Nach dem Aufstand der Juden unter Bar Kochba (132–135) flohen viele Juden in dies abgelegene Gebiet. Ihre Synagoge maß etwa 20 mal 15 Meter und wurde aus dem weißen Kalkstein der Gegend gebaut. Ein römischer Stil herrscht vor. Der Sturz über dem Portal (*linke Seite*) soll einst zwei weibliche Figuren – Genien oder geflügelte Niken – getragen haben, die später zerstört wurden, um dem sich verengenden »Bilderverbot« gerecht zu werden.

Über den Ursprung des heiligen Platzes von Bar'am ist weniger bekannt. Es gibt aber die Tradition, die Gräber der Königin Esther und des Propheten Obadja, beide aus dem 5. Jahrhundert v. Chr., lägen in Bar'am.

Tell Hazor mag einst die Hauptstadt von ganz Kanaan gewesen sein. An der Straße zwischen Ägypten und dem Zweistromland entwickelte sich an einer reichlich fließenden Quelle schon früh ein Zentrum, das immer wieder umkämpft, zerstört und neu gebaut wurde. Die etwa 4500 Jahre alte Stadt wurde erstmals um 1850 v. Chr. in einem ägyptischen »Ächtungstext« genannt. Zur Zeit von Pharao Echnaton berichtete der König dieser reichen Stadt über die Bedrohung durch »Hapiru« (Hebräer). Durch viele Kulturschichten hindurch haben Archäologen die Entwicklung der Stadt nachvollzogen. Dabei erwies sich die israelitische Zeit unter den Königen Omri und Ahab in der ersten Hälfte des 9. Jahrhunderts als weitere Blütezeit.

Linke Seite: In einem Wohngebäude fanden sich Reste einer Ölpresse, die wieder aufgebaut wurde.
Rechte Seite: Neben dem Ausbau des Wassersystems, neben Wohn- und Burgmauern wird das »Säulenhaus« der Epoche Omris und Ahabs zugerechnet. Diese Steinblöcke trugen das zweite Geschoß eines Lagerhauses, woraus offenbar Armee und Beamte des Königs versorgt wurden.

Im Frühling rasten die Vögel auf ihrem Flug nach Norden auch im **Huletal**. Hier finden sie reichlich Nahrung. Auf den Karten der Bibelzeit gibt es noch nördlich vom See Genezareth den kleinen Hulesee. Die Bibel spricht vom »Wasser von Merom«. Allmählich verschilfte das Huletal. Ägyptische Siedler legten im vorletzten Jahrhundert Drainagen an und pflanzten Eukalyptus. In den ersten Jahren Israels wurde das dortige Sumpfland weiter trockengelegt; aber es wurde dennoch nicht fruchtbar. So durfte sich seit den neunziger Jahren das Wasser wieder ausdehnen. Das Ökosystem erholt sich langsam. Vögel kehren reichlicher zurück. Die Kibbuzim konzentrieren sich seither auf den Obstanbau.

Linke Seite: Basaltfelder bei Korazim über dem See Genezareth
Rechte Seite: Plantagen im Huletal

Zefat galt im 16. Jahrhundert als eine der heiligen Städte des Judentums. Gut 800 Meter hoch liegt der Hauptort von Nordgaliläa, nicht weit vom Meronberg (*linke Seite*) entfernt. Der Ort kann wohl schon auf 4500 Jahre Geschichte zurücksehen. Flavius Josephus erwähnt die Stadt im Aufstand gegen die Römer. Hier soll Rabbi Simeon Bar Yochai, der wohl im Jahre 170 starb, das Grundwerk jüdischer Mystik (Kabbala) verfaßt haben: das Buch »Zohar« (gleißender Glanz). Später regierten die Kreuzfahrer über »Safed«. Vom 14. Jahrhundert an zog das Grab Yochais immer mehr Juden an. Der osmanische Sultan Süleyman förderte das und zog viele spanische Juden nach Galiläa und Zefat. Sie entkamen so der Inquisition. In Zefat entstand die letzte Zusammenfassung der Verhaltensregeln für ein religiöses jüdisches Leben; Rabbi Joseph Caro schuf um 1560 den »Schulchan Aruch« (Der gedeckte Tisch). Sein Erfolg war so groß, daß 1563 die erste Buchdruckerei des Nahen Ostens in Zefat eingerichtet wurde. Dem Kabbalisten zu Ehren erhielt die Caro-Synagoge (*rechte Seite unten*) ihren Namen. Das vorherrschende Blau soll böse Geister vertreiben. Im 16. Jahrhundert entstand wohl auch die sephardische (orientalische) Ha-Ari-Synagoge (*rechte Seite oben*), die sich durch ein reichverziertes Portal zu einem Hof mit Zitrusbäumen öffnet.

Das süße Meer von Galiläa – der See Genezareth

So friedlich liegt der See Genezareth nicht immer da. Dieses Gewässer ist der tiefstgelegene aller Süßwasserseen auf der Erde, mehr als 200 Meter unter dem Mittelmeer. Bisweilen schäumen stürzende Winde von den umliegenden Höhen sein Wasser auf. Bekannt ist die Erzählung von Jesus, der mit seinen Jüngern zum Fischen auf den See gefahren war und einen plötzlich aufkommenden Sturm bändigen mußte. Der Name stammt wohl von der frühbronzezeitlichen Siedlung Kinneret (Tell al-'Ureme) am Nordwestufer ab. Seit Jahrzehnten wird dieser Tell erforscht. Die Stadt mag auf eine kanaanitische Gottheit »kn[r]t« zurückgehen.

Zwischen Betsaida im Norden des Sees und Magdala bei Tiberias spielte sich vor allem das Wanderleben von Jesus ab. Im Dorf des Nachum (Kapernaum) wohnte er bei seinem Jünger Petrus. Heute ist Tiberias die wichtigste Stadt am See. Sie ist eine Neugründung von Herodes Antipas, Sohn von Herodes dem Großen, der den Ort Kaiser Tiberius widmete.

Der König baute sie zu Jesu Lebzeiten auf älteren Mauern und vor allem einem Friedhof. Das machte sie zunächst für fromme Juden unbewohnbar; die Ruhe der Toten darf nicht gestört werden. Im 3. Jahrhundert wurde Tiberias eine der heiligen Städten des Judentums, nachdem – so will es die Sage – Rabbi Simon Bar Yochai aus Zefat an den heißen Quellen des Orts für sein Rheuma Heilung fand und die Stadt für »gereinigt« erklärte. Der Hohe Rat der Juden, der nach der Zerstörung des Tempels erst nach Yavne ausgewichen war, kam schließlich – nach Stationen in Bet Schearim und Zippori – nach Tiberias und entwickelte hier den Talmud weiter, die »Mischna« und deren Ausdeutung »Gemara«.

Das Westufer des Sees Genezareth begrenzt das südliche Galiläa oder Untergaliläa, das sich mit seinen fruchtbaren, breiten Tälern und sanften Höhen bis nach Haifa und Akko hin zum Mittelmeer erstreckt. Die meisten Einwohner Untergaliläas sind Araber; sie leben vor allem in Nazareth, der Hauptstadt der Region, und Schefar'am. Jüdische Zentren sind Afula, Karmiel, Qiryat Tivon sowie die dicht besiedelte Küste.

Ein Hinweis für den Reichtum der Judenheit selbst noch zu Zeiten, als das Christentum im Oströmischen Reich längst Staatsreligion war, ist die Synagoge in **Kapernaum** aus dem 4. und 5. Jahrhundert. Sie wurde vor Jahrzehnten nicht gerade vorbildhaft restauriert. In zwei Phasen war sie aus weißem Kalkstein – wohl vom Steinbruch bei Arbel – errichtet worden. Der hebt sich hell vom grauen, trist wirkenden Basalt der Region ab. Die Synagoge entstand neben dem Gedächtnishaus des Petrus, einer späteren Kirche, die Jahrzehnte nach der ersten Bauphase der »Weißen Synagoge« zu einer oktogonalen Basilika erweitert wurde. Lebten hier Juden und Christen friedlich miteinander oder in Konkurrenz gegeneinander?
Die Synagoge von Kapernaum gilt als eine der schönsten im Brückenland. Archäologen aus dem Orden der Franziskaner sagen, sie sei auf einem jüdischen Gemeindehaus aus dem 1. Jahrhundert errichtet worden, in das auch Jesus gegangen sei. Basaltmauern von einem Vorgängerbau sind erhalten. Über eine Freitreppe erreicht der Besucher das verzierte Hauptportal und dahinter die Gebetshalle. Daß die Juden der byzantinischen Zeit figürliche Bilder nicht verachteten, zeigen Reste des Reliefs auf den Portalen.

Mutmaßlich trug die Halle in **Kapernaum** keine Empore oder zweite Etage, auch wenn die Rekonstruktion das andeutet. Bei ihr orientierten sich die Restauratoren offenbar nicht nur an den historischen Quellen, sondern auch an heutigen Synagogen. In byzantinischer Zeit ist von einer Trennung der Geschlechter in Bethäusern nichts bekannt; Frauenemporen waren daher nicht nötig. *Rechte Seite:* Reich gestaltet sind die Steinreliefs, die wohl die Friese des Haupttors und der beiden Nebentüren verzierten. Symbole der Fruchtbarkeit werden gezeigt; auch eine Nachbildung der Bundeslade (*rechte Seite unten links*), die in diesem Fall auf Rädern bewegt und nicht auf Stangen durch Träger transportiert worden wäre. Ihre »Frontseite« erscheint wie eine Kopie des möglichen Haupttores zur Synagoge.

Vom Westufer des **Sees Genezareth**, wo in neutestamentarischer Zeit die Juden lebten, läßt sich der steile Aufstieg zum Golan hinter dem Ostufer erahnen. Dort oben liegt das jüdische Gamla in den Felsen. Im übrigen gehörte das Ostufer den Heiden. Als die bedeutende Stadt Hippos gegenüber von Tiberias beim heutigen En Gev an Herodes den Großen fiel, meuterten die Einwohner. Sie wollten zum damaligen Syria zählen, nicht zu Palästina. Der See trennte also zwei Welten. Holzschiffe wie zu Jesu Zeiten tragen heute Pilger und Touristen beschaulich über das Wasser.

Über der römischen Stadt **Tiberias** lag deren Akropolis, der Sitz von Göttern, Regierung und Verwaltung. Lange wurde in diesen Trümmern auf einem Plateau das Schloß der Königin Berenike, einer Enkelin von Herodes dem Großen, vermutet. Statt dessen wurde letzthin eine byzantinische Klosteranlage aus dem 6. Jahrhundert ausgegraben. In der Hauptapsis unter dem Altar fand sich ein Ankerstein, mit dem die Boote am See vertäut wurden. War das eine Reliquie, die an das Fischerboot der Jünger Jesu erinnern sollte?

Solange der Tempel in Jerusalem, das Herzstück der jüdischen Religion, noch stand, waren die Synagogen vor allem Gemeindezentren. Die Juden trafen sich zum Bibelstudium oder zu weltlichen Anlässen in Gemeindehäusern. Auch in **Arbel** über dem See Genezareth dürfte es so etwas gegeben haben. Dieser erste Bau wurde wie anderswo nach der Zerstörung des Tempels im 1. Jahrhundert allmählich zum vor allem religiös bestimmten Bethaus. Das geschah in mehreren nachweisbaren Bauabschnitten.

Die Synagoge wurde aus dem örtlichen Kalkstein errichtet, der auch in Kapernaum verwandt wurde. Majestätisch schweift der Blick auf die Klippen des Nitaiberges und die andere Seite der Arbelschlucht hinüber. In der Ferne ist der See zu sehen.

Zisternen, Schleusen und Überlaufbecken sicherten die Wasserversorgung in der römisch-byzantinischen Stadt **Zippori** (aram. »Vögel«). In dies Zentrum von Galiläa beim kleinen Nazareth mag der junge Jesus seinem Vater gefolgt sein, der hier vielleicht das Theater mitbaute, als Herodes Antipas in diesem Ort, dem heutigen Sephoris, residierte, bis er Tiberias zur Hauptstadt von Galiläa erklärte. Die Stadt brauchte viel Wasser und bezog es nicht nur vom Regen, sondern auch durch reichlichen Zufluß von den Berghängen. Das kostbare Naß wurde in einem 4300 Kubikmeter großen Reservoir gesammelt.

Linke Seite: Zu Beginn des 3. Jahrhunderts ließen reiche Städter von **Zippori** ihre Häuser mit den wohl prächtigsten Mosaiken der Region auslegen. Die »Mona Lisa von Galiläa« findet sich auf dem Boden eines Speisesaals. Ihr Bildnis gehört zu einer Darstellung des heidnischen Dionysoskults. Dergleichen gehörte genauso in diese jüdische Stadt wie Rabbi Juda ha-Nasi, der in diesen Jahren die Niederschrift des Talmud-Kommentars, der »Mischna« vollendete. Nach einem Aufstand der Juden 339 gegen das Byzantinische Reich wurde der Ort zunehmend christlich und zur Bischofsstadt.

Rechte Seite: Aus dem frühen 5. Jahrhundert stammt das »Nil-Mosaik« mit der Darstellung eines Löwen, der ein Rind reißt.

Nach der Zerstörung Jerusalems durch Titus (70 n. Chr.) und der Stürmung von Yavne (134 n. Chr.) wurde zeitweise **Bet Schearim** an den Hängen des Karmel Sitz des Sanhedrin und so das Zentrum der palästinensischen Juden. Um 170 wurde Rabbi Juda ha-Nasi das Oberhaupt dieses höchsten Gerichts; hier begann er die Kompilierung der »Mischna«. In einer der 26 Katakomben der Stadt wurde er bestattet. Viele wollten später in der Nähe seines Grabes ihre Ruhestätte finden. Höfe, Gänge, Treppenhäuser verbinden die Grabanlagen. In Särgen aus Holz, Terrakotta, Stein und Blei wurden die Toten beigesetzt. In der Regel sind die Darstellungen auf den Steinsärgen eher schlicht; so auf dem Löwensarkophag (*rechte Seite*). Selbst im Angesicht des Todes scheuten sich die römisch-byzantinischen Juden nicht vor bildlichen Darstellungen.

Weit reicht der Blick hinab vom knapp 600 Meter hohen und damit höchsten Berg Untergaliläas: dem **Tabor**. Schon in der Mittleren Bronzezeit wurde hier Baal geopfert. In der Bibel kommt der Berg mit verschiedenen Namen vor. Oft war der Tabor vor allem ein militärischer Stützpunkt, kann man doch von ihm aus in alle Richtungen das Land kontrollieren. Flavius Josephus befestigte den Berg; so auch ein Jahrtausend nach ihm die Kreuzfahrer. Als friedlicher »Berg der Verklärung« Jesu wird der Tabor vom 4. Jahrhundert an verehrt. Seit der Zeit der Kreuzfahrer erinnern Kirchen an dies biblische Geschehen.

Südwestlich vom Tabor (*im Hintergrund*) erhebt sich auf der anderen Seite der Jesreel-Ebene eine Anhöhe, die auf 6000 Jahre Besiedlung zurücksehen kann. **Megiddo** galt jahrhundertelang als die strategisch wichtigste Stadt in dieser Ebene, wo immer wieder die Heere aufeinandertrafen, so daß der Johannes der Offenbarung (Apk Joh 16, 16) die letzte Schlacht zwischen Gut und Böse in das mythologische Armaggedon legt.

Malerisch erheben sich die Berge zu beiden Seiten des Jordantales. Im Westen liegt das Gebirge von **Gilboa**, wo Saul und seine Söhne in einer Schlacht gegen die Philister gefallen sein sollen (*linke Seite*).
Von der westlichen Höhe mit der Kreuzfahrerfeste von Belvoir reicht der Blick über das Jordantal nach Osten zu den Bergen von **Gilead**, das die Israeliten bei ihrer »Landnahme« in Besitz genommen haben sollen (*rechte Seite*). Hier entspringt der »Bach Jabbok«, ein Zufluß des Jordan in Jordanien.

Schon bevor der Johanniterorden 1168 die Bergkuppe zum Bau der Feste **Belvoir** erwarb, trug diese Anhöhe einen Ort. Über Agrippina, heute hebräisch Kochav ha-Yarden, wurden in der Zeit des Herodianischen Tempels vor und nach der Zeitwende mit Feuersignalen die Fest- und Schabatzeiten von Jerusalem nach Galiläa weitergeleitet.
Der Orden baute in nur fünf Jahren eine der gewaltigsten Festungen im Brückenland. Im Zentrum der Anlage entstand eine quadratische Innenburg, ein Donjon, mit vier Ecktürmen. Daß es zwei Etagen besaß, ist kaum mehr zu erkennen. Unten lagen der Speisesaal, Küche und Vorratsräume. Im oberen Geschoß wohnten wohl die Ritter (*linke Seite*). Weit reichte von hier oben der Blick über den Jordangraben zu den Bergen von Gilead nach Osten (*rechte Seite*).

Bet Schean bietet eine der größten Ausgrabungsstätten im Brückenland. Dabei konzentrieren sich die Archäologen weniger auf den konischen Tell al-Husn aus der biblischen Zeit mit seinen spärlichen, meist ägyptischen Überresten. 749 zerstörte ein Erdbeben Bet Schean. Viele Reste blieben unberührt liegen. Manches wurde wieder aufgerichtet, und so läßt sich heute der historische Eindruck zurückgewinnen (*linke Seite*).
Die antike römische und byzantinische Stadt zu Füßen des Tell al-Husn fesselt das Auge.

Im 1. Jahrhundert n. Chr. war Bet Schean die größte Stadt in einem Zehnstädtebund unter Rom. Das prächtige Theater erinnert an Festfreuden jener Zeit.

Riesig war die »östliche Badeanlage« – hinter dem Halbrund des Theaters lag das »westliche Badehaus« –, die über die »Silvanus-Straße« (*rechte Seite*) zu erreichen war, eine mit Marmor und prachtvollen Säulen gestaltete Allee, die allerdings nur eine Nebenstraße war.

Die Wiege des Reiches Israel – Samaria

Das Bergland von Samaria um Sichem, das moderne Nablus, ist weit und fruchtbar. Durch sein Haupttal führt seit jeher eine wichtige Straße vom Mittelmeer zum Jordantal. So konnte sich hier gut das Königreich Israel entwickeln: das – gegenüber Juda im Süden – politisch wichtigere Nordreich.

Mit der bronze- und eisenzeitlichen Siedlung Sichem auf dem heutigen Tell Balata am Fuß des Gerizim-Berges begann die Geschichte der Zentren im Samariatal. Sichem fiel wohl 918 v. Chr. an die Ägypter und wurde zerstört.

Das Königreich Israel wurde »sechs Jahre« lang (1 Kg 16, 23) von Tirza aus regiert, dem heutigen Tell al-Far'a, wo wohl 878 v. Chr. General Omri endgültig die Macht an sich gerissen hatte. Danach kaufte König Omri den Berg und die »Häuser von Schemer«, so hieß ihr bisheriger Besitzer, und errichtete darauf, westlich von Sichem, seine Hauptstadt Schomron, oder später griechisch Samaria. Schomron ist die einzige größere Stadt, die von Israeliten gegründet wurde. Omris Sohn Ahab verwandelte sie in eine prachtvolle Residenz. Sie wurde 722 von den Assyrern zerstört.

Erst um 331 v. Chr. begannen die Samariter wieder mit dem Aufbau dieser Stadt, die sie wegen ihrer nahen Kultstätte auf dem Gerizim zum Zentrum machten. 107 v. Chr. wurde Sichem von den Hasmonäern aus dem Süden neuerlich verwüstet.

König Herodes der Große baute auf einer Höhe weiter westlich eine neue Stadt und gab ihr einen neuen griechischen Namen: Sebaste. Von den überwucherten Resten dieses Ortes schweift der Blick in die fruchtbare Ebene hinab.

Nur wenige Generationen später gründete Kaiser Titus in der 2. Hälfte des 1. Jahrhunderts Neapolis, die »Neue Stadt«, direkt neben dem urbanen Ursprung der Region Sichem. Zwar hatte Sebaste noch im 4. Jahrhundert einen Bischof, doch schon seit dem 2. Jahrhundert und bis heute ist Neapolis, das heutige Nablus, die Hauptstadt von Samaria.

Der Bibel zufolge regierte Omri sechs Jahre von **Tirza** aus (Tell al-Far'a). Für so spezifisch hielt man diese Angabe aus dem 1. Buch der Könige (16, 23), daß versucht wurde, an Hand der wenigen Ruinenreste von Tirza eine spezielle Phase der Kulturgeschichte zu klären. Denn offenbar hatte König Omri noch mit dem Bau eines Palastes begonnen. Der blieb dann Ruine, als der König den Berg Schemers kaufte, um darauf seine neue Hauptstadt Schomron zu errichten. Doch die Funde reichten nicht aus, um differenzierte Erkenntnisse über diese kurze Phase innerhalb der Eisenzeit (II B) zu sammeln.

Die Ruine der Johanneskirche nahe der Akropolis in **Sebaste** erinnert an die christliche Geschichte der von König Herodes gegründeten Stadt, wo seit dem 4. Jahrhundert das Grab von Johannes dem Täufer verehrt wird. Diese Johanneskirche stammt vermutlich aus dem 5. Jahrhundert; Teile wurden wohl sogar erst nach der Eroberung durch die muslimischen Omaijaden im 7. Jahrhundert fertig. Die Kirche war der »Auffindung des Hauptes von Johannes dem Täufer« geweiht.

Es gibt eine unvergleichlich größere Basilika im Ort, die sich mit der Grabeskirche in Jerusalem messen konnte. Auch sie geht auf die byzantinische Zeit zurück und wurde später von den Kreuzfahrern erneuert.

König Herodes schützte seine Gründung mit einer Mauer, die um 200 n. Chr. noch einmal restauriert wurde. Damals entstanden das westliche Stadttor (*rechte Seite oben*) und die Säulenstraße zwischen West- und Osttor (*rechte Seite unten*).

Jerusalem – die Heilige Stadt

Von vielen Höhen der Stadt Jerusalem herab ist ihr Zentrum zu sehen: der Tempelberg mit dem Felsendom. Hier beten seit 1400 Jahren die Muslime. Etwa an dieser Stelle soll auch der jüdische Tempel Salomos und Herodes' gestanden haben, von dem nicht viel mehr als die Stützmauer seines Plateaus übrig blieb. Ein Teil davon ist die West- oder Klagemauer.
Der höchste Platz auf dem Berg Moria ist mit vielen Traditionen von Abraham bis Mohammed verknüpft. Rund um den Berg – im Kidrontal, auf dem Ölberg, aber auch im angrenzenden arabischen Suq (Markt) – finden sich Gräber von Menschen aller Jahrhunderte und aller drei Religionen.
Bei Juden, Christen und Muslimen ist Jerusalem gleichermaßen die Stadt, die Tod und Leben, Hoffnung und Erfüllung miteinander verbindet. Hier beginnt das Paradies. Diese Stadt liegt aber auch an dem Tal, wo sich beim Jüngsten Gericht der Eingang zur Hölle öffnet.
Seit der Zeit des ersten Exils in Babylon sehen die Juden in dieser himmelsnahen Stadt aber auch ihr irdisches, politisches Zentrum.
Die graue Kuppel der Grabes- oder Auferstehungskirche (*links im Bild*) bezeugt seit dem 4. Jahrhundert das christliche Herz der Stadt, die Stätte von Jesu Tod und Auferstehung. Hier wird der Platz verehrt, wo über dem Grab des Adam Jesus gekreuzigt worden sein soll.
Um diesen Kern liegen Kirchen des 19. Jahrhunderts und eine seit Israels Eroberung schnell wachsende Neustadt. Dicht krallt sich dieses Jerusalem auf die kargen Felsen Judäas; ein explosives Beieinander von Menschen und ihren Träumen.

Linke Seite: Zar Alexander II. errichtete 1885 zum Gedenken an seine Mutter Maria Alexandrowna die russisch-orthodoxe Kirche **Maria Magdalena** im Garten Gethsemane. Sie wurde im Stil des russischen Barock erbaut. Nonnen der russisch-orthodoxen Auslandskirche leben hier.

Rechte Seite: Bis zu 800 Meter hoch sind die Berge Judäas um Jerusalem. Im Hochsommer ist hier die Luft frischer und trockener als am Mittelmeer. Bisweilen und gewiß nicht in jedem Winter fällt am Anfang des Jahres Schnee auf Jerusalem und hüllt die goldene Kuppel des **Felsendoms** und den Ölberg in eine weiße Decke.

Unter dem Omaijadenkalifen Abd al-Malik (685–705) entstand der **Felsendom** über dem Felsen Moria. Er gilt mit all seinem Schmuck als eines der schönsten Bauwerke auf Erden. Herrschaftlich sind die Ausmaße des schon von den Königen Salomo und Herodes planierten Temenos (Esplanade), der dennoch im Fastenmonat Ramadan nur knapp die vielen zehntausend Menschen fassen kann.
Vor einigen Jahren ließ Jordaniens König Hussein aus seiner Privatschatulle die Kuppel des Doms neu vergolden.

Der Blick zum Felsendom (*rechte Seite*) geht zwischen dem offenen Geisterdom (*links*) und den mamlukischen Arkaden (*rechts*) über den behäbigen Hebron- und schlankeren Himmelfahrtsdom (*im Hintergrund rechts*) bis zur zierlichen Gebetsnische des Propheten.

Die Kuppel des **Felsendoms** mißt im Durchmesser gut 20 Meter und krönt in mehr als 50 Metern Höhe den prachtvollen oktogonalen Bau. Zitate aus Koransuren setzen den Islam vor allem gegen das Christentum ab. Dabei bauten byzantinische Architekten und Handwerker das Gotteshaus und orientierten sich an der Grabeskirche und anderen christlichen Bauten.

Östlich vom großen Bruder steht der kleine **Kettendom** mit seiner prachtvollen Kuppel. Nach muslimischer Tradition wird am Ende aller Tage hier eine Kette die Guten von den Bösen scheiden. Der Kettendom wurde auch von dem Omaijaden Abd al-Malik errichtet. Die Kreuzfahrer brachten hier eine Jakobuskapelle unter.

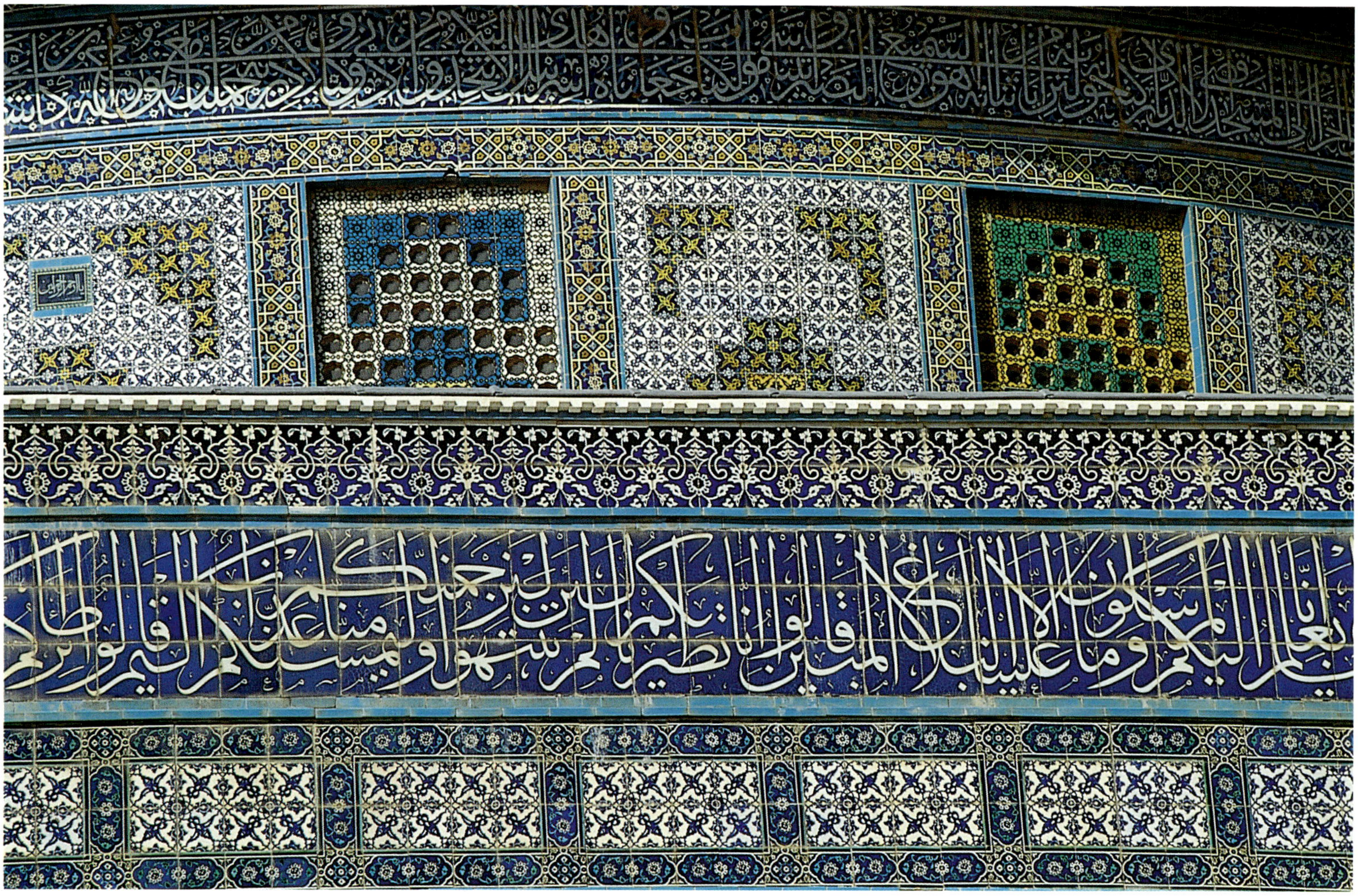

Der Besucher des **Felsendoms** sieht zunächst über dem Marmor der Wände die prachtvollen Kacheln. Vor allem die Farben Blau, Grün und Weiß herrschen vor. Koransuren belehren und schmücken. Der Osmane Süleyman der Prächtige hatte im Jahre 1561 die alte Verkachelung durch Fayencen ersetzt. 1963 kehrte man zu der ursprünglichen Dekoration zurück.

Nur einen Steinwurf von den Betern auf dem **Tempelberg** der Muslime entfernt, beten Juden unten an der Westmauer, dem Kotel oder der »Klagemauer«, der herodianischen Stützwand für den Tempeltemenos (Esplanade). Die riesigen, gerahmt erscheinenden Blöcke sind fast das einzige, was von dem Bau des Herodes übrig blieb. Näher können betende Juden nicht an den Ort ihres Tempels heran, der bis zu seiner Zerstörung 70 n. Chr. das Herzstück jüdisch-religiöser und politischer Identität bildete.

Die Kuppel auf dem omaijadischen Felsendom ähnelt der Kuppel auf der Grabrotunde der **Grabes- und Auferstehungskirche**, die Kaiser Konstantin errichten ließ. Von dem 336 geweihten Bau sind nicht viel mehr erhalten als der Grundriß der Grabrotunde sowie einige Mauern und Säulen. Der Haupteingang liegt seit der Kreuzfahrerzeit im Süden an einem Vorhof aus dem 12. Jahrhundert. Das Doppeltor und die Fenster darüber werden durch typische »Kissenornamente« verziert. Der doppelte Eingang, von dem einer vermauert ist, soll wohl an das Goldene Tor in der Stadtmauer erinnern. Die zwei »goldenen« Tore der Stadtmauer sind beide vermauert; zum Gedächtnisplatz der Passion führt zumindest ein am Tag weit offenes Tor. In früheren Zeiten bildete der Golgathafelsen einmal ein eigenes Gebäude, das über die Stufen (*rechts*) erreicht werden konnte. Hinter der Glastür ist eine katholische Marienkapelle. Sechs christliche Konfessionen haben Rechte an dieser wichtigsten Kirche der Christenheit, die unter einem Dach den Kreuzigungsfelsen von Golgatha, das leere Grab und das historische »Zentrum der Welt« vereint.

Der Blick aus der **Kuppel der Grabrotunde** auf die Aedikula. Diese Grabkapelle stammt aus dem beginnenden 19. Jahrhundert. Metallverankerungen müssen sie vor dem Einsturz bewahren. Archäologen hoffen auf die Chance, nach ihrem Abriß die Geschichte der 2000 Jahre alten Grabbank und ihres Untergrundes zu klären. Ist dies tatsächlich das Grab, das Joseph von Arimatäa für sich aus dem Felsen schlagen ließ und Jesus überließ? Einige archäologische Funde und literarische Quellen lassen diesen Schluß zu.

Auf halbem Weg zu einer Zisterne, in der Kaiserinmutter Helena im Jahre 326 das Kreuz Jesu gefunden haben soll, liegt die **Helenakapelle** der armenischen Kirche, einst Krypta der konstantinischen Kathedrale. Auf den Säulen der byzantinischen Kirche erhebt sich eine Kreuzfahrerkuppel. Durch einen meist verriegelten Seitengang rechts vom Altar läßt sich zum Fels hinabsteigen, auf dem die Kirche ruht. Darauf ist ein Schiff und der Text auf Latein eingeritzt: »Herr – wir sind angekommen«. Beides stammt aus der Zeit vor 326. Offenbar pilgerten schon vor Konstantins Ära Menschen an diesen Platz. War die Tradition von Jesu Todesort über die hundert römisch-heidnischen Jahre und Hadrians Tempel aus dem 2. Jahrhundert bis ins 4. Jahrhundert bewahrt worden?

Der osmanische Herrscher Süleyman der Prächtige ließ 1537 mehr aus ästhetischen Gründen denn zum Schutz der von keiner fremden Macht bedrohten Stadt die Mauer Sradim errichten. Das geschah innerhalb von nur vier Jahren. Sie schloß allerdings den Ort des vermeintlichen Grabes David und der ältesten aller Kirchen auf Erden nicht ein. Auf dem Zionsberg soll beim Haus der Maria die »Mutterkirche« gestanden haben, jener Ort, an dem der Tradition nach Jesu seine Jünger zum letzten Abendmahl sammelte und sich später der Heilige Geist ergoß, wodurch die christliche Kirche begründet wurde. Heute ist unmittelbar daneben die Hagia Maria Sion Abtei mit der Dormitiokirche, für die Kaiser Wilhelm II. 1898 den Grundstein legte (*am rechten Rand des Bildes*).

Bei dem Bau der Mauer richteten sich die Architekten nicht nach zeitgenössischer Verteidigungstechnik; sie ahmten den Stil der 300 Jahre früher herrschenden Mamluken nach. Süleyman, der sich auf Salomo berief, wollte die »alte Stadt« wieder errichten. Um das **Zionstor** im Süden wurde freilich 1967 zwischen Israelis und den Jordaniern heftig gekämpft. Einschüsse markieren das Geschehen bis heute.

Nirgendwo sonst in Jerusalem haben Archäologen so viel gegraben wie im Gebiet zwischen der südlichen Tempelmauer beim **Berg Ophel** und der »Stadt Davids«. Da aber wohl das Jerusalem zur Zeit Davids sehr klein war, sind eisenzeitliche Funde rar. Besser dokumentieren lassen sich frühere und spätere Epochen. So finden sich Überreste am Ophel-Berg aus byzantinischer (*linke Seite*) und römischer Zeit (*rechte Seite*). Römisch-herodianisch ist auch eine griechische Inschrift, die sich auf den Bau einer Herberge, Synagoge und Wasseranlage durch einen »Priester und Synagogenvorsteher« Theodotus bezieht. Auf die Wasseranlage könnten die zwei Eingänge zu den beiden Schächten hinweisen. Dieses Bethaus wird gelegentlich mit der Synagoge der Freigelassenen (Apg 6,9) in Verbindung gebracht.

Der wichtigste Weg von Osten und vom Ölberg herab zur davidischen Stadt und zum südlichen Hauptportal des Tempels führte vor 2000 Jahren durch das **Kidrontal**, vorbei an Gräbern aus hellenistischer Zeit. Neben dem »Grab des Abschalom« mit seiner auffälligen Helmkuppel aus dem 1. Jahrhundert v. Chr. steht das vermeintliche »Jakobusgrab«, das die Toten der Priesterfamilie Bnei Hezir vom 1. Jahrhundert v. Chr. bis zum Beginn des 1. Jahrhunderts n. Chr. aufnahm. Es erinnert mit seinen Säulen vor einer Loggia an einen Tempel. Die Innenaufnahme (*oben*) zeigt die Grabnischen der Heir-Familie. Ionische Säulen zeichnen das aus dem Felsen gehauene »Grab des Zacharias« aus.

Die Schefela-Ebene

Neot Kedumim heißt ein Reservat bei Modiin in der Schefela-Ebene. Für die Bewohner des Berglandes erscheint diese Hügelzone »niedrig«. Daher hat sie auch ihren Namen. Schefela heißt auf Hebräisch »Niederland«. Dort wird Landwirtschaft nach den Regeln der Antike nachgelebt. Vielleicht wird dabei der althebräische Bauernkalender aus der Zeit Salomos zu Rate gezogen, der sich auf dem nahen Tell Gezer fand. Gewiß ist dies Reservat ein Hinweis auf die altbekannte Fruchtbarkeit der Region, die stets zwischen Israeliten und Philistern umstritten war.
Seit der Frühen Bronzezeit waren die kanaanitischen Orte wie Gezer, Lachisch, Jaffa oder Gaza bewohnt. Es gab in ihnen reichlich Wasser. Straßen in alle vier Richtungen oder Häfen machten diese Orte zu wichtigen Zentren für Handel und Kultur. Freilich zogen hier auch die Krieger durch. Brand und Zerstörung waren die Folge, aber bei so viel Fruchtbarkeit auch immer wieder eine neue Blüte.

Im fruchtbaren Land der Philister, auf dem Weg vom heutigen Bet Schemesch nach Qiryat Gat, liegt in der Schefela-Ebene **Marescha**, eine von der Bronzezeit bis zu den Kreuzfahrern bewohnte Siedlung. Aus dem hellenistischen 3. und 2. Jahrhundert v. Chr. stammt diese Grabhöhle mit Grabnischen einer Familie aus Sidon, wie es eine Inschrift festhält. Reiche Malereien gestalten den Raum: Naturszenen bilden einen Fries an den Längswänden über den Nischen.

König Herodes der Große baute um die Zeitenwende den Vorort von Marescha, **Bet Guvrin**, zu einer wichtigen Stadt aus. Gut dreihundert Jahre später wurde in byzantinischer Zeit Bet Guvrin Verwaltungshauptstadt und wichtiger Bischofssitz. Damals war dieses römische Amphitheater wohl ein Jahrhundert alt. Von ihm blieben vor allem die Rundbögen der Eingänge erhalten.

Linke Seite: Aus der byzantinischen und omaijadischen Epoche stammen diese »Glockenhöhlen« im Nationalpark von **Bet Guvrin-Marescha**. Die meisten sind miteinander verbunden und entstanden durch den Abbau von weichem Kalkgestein. Die herausgeschlagenen Steine wurden durch die Öffnungen in der Decke aus härterem Kalkstein zu Tage gebracht.

Rechte Seite: Wozu die Höhlen in Marescha und Bet Guvrin genutzt wurden, ist nicht immer klar. Eine wurde wegen ihrer mehr als 2000 Kalksteinnischen als »Taubenschlaghöhle« bekannt. Aber ist dies »Kolumbarium« aus dem 2. und 3. Jahrhundert für die Aufzucht von Kulttauben geeignet? Wurde nicht vielmehr dort stets die Asche der Toten verwahrt?

Die wenigen ausgegrabenen Überreste der Stadttoranlage aus der israelitischen Zeit von **Lachisch** im 10. Jahrhundert und vom – um 400 v. Chr. gebauten – Palast der persischen Statthalter geben die Bedeutung der seit dem 3. vorchristlichen Jahrtausend besiedelten Anhöhe nur schwach wieder. Lachisch war bis zum Aufstieg von Marescha im 2. Jahrhundert das Zentrum der Region.

Gezer gehört zu den frühbronzezeitlichen kanaanitischen Städten. Auf dem heiligen Berg der Stadt stehen bis heute »Masseben«, Steinheiligtümer, die wohl zwischen dem 20. und dem 17. Jahrhundert v. Chr. aufgestellt wurden. Auf dem Tell Gezer fand sich die einzig bekannte althebräische Inschrift aus der Zeit von König Salomo. Sie hält auf einer Kalksteinscheibe den jahreszeitlichen Arbeitsrhythmus des Bauern fest.

Die Mittelmeerküste zwischen Akko und Aschkelon

An der Mittelmeerküste entlang verlief die »Via Maris«, die große Straße, die wie eine Brücke das Zweistromland mit Ägypten verband. An ihr liegen auch die Häfen, über die die Philister und Phönizier ins Land kamen, die Griechen und Römer, nicht zuletzt auch die Kreuzfahrer und Napoleon I., der 1799 vom Meer aus das Heilige Land vergeblich zu erobern suchte. Jede Epoche hatte ihre Lieblingshäfen. Gaza, Aschkelon und Dor gehören wohl zu den ältesten. Die ebenso alten Akko(n) und Atlit wurden zur Kreuzfahrerzeit berühmt. Das moderne Israel bevorzugt Aschdod und Haifa.

Die Römer regierten von Caesarea Maritima aus das Brückenland. Der Palast des römischen Prokurators über der Provinz Judäa lag direkt am Meer. Ein in den Maßen ähnlich prachtvoller Tempel wie der jüdische in Jerusalem war in Caesarea römischen Gottheiten geweiht. Die Stadt steht für die Vielfalt der Kulte am Ende der römischen Zeit. Hier vollzog Petrus die Taufe eines römischen Soldaten und seiner Familie ins Christentum. Hier wirkten Kirchenväter wie Origenes und Eusebius. Die Kreuzfahrer benutzten überkommene Säulen, um einen Kai zu befestigen.

Die östliche Mittelmeerküste hat kaum schützende Buchten, in denen sich auf natürliche Weise größere Häfen entwickeln konnten. Die Menschen mußten Schiffsanlegestellen bauen und immer wieder ausbessern. Längst hat sich so die Natur die meisten Anlagen wieder genommen. Die kanaanitische Anlage von Dor bei Haifa liegt heute genauso auf dem Grund des Meeres wie der viele hundert Jahre jüngere Hafen der Römer in Caesarea.

Das alte **Akko(n)**, eine von den mittelalterlichen Mauern umgebene Landzunge im Mittelmeer, ist eine arabisch geprägte Stadt in Israel. Es gibt Christen in Akko, doch Muslime sind in der Mehrheit. Moscheen prägen das Stadtbild. Schon im 19. Jahrhundert v. Chr. wird Akko erwähnt. Die Israeliten konnten die kanaanitische Stadt, die meist von Ägypten abhängig war, nicht erobern. Sie wurde in der Königszeit phönizisch, später persisch, bis sie Alexander der Große 332 v. Chr. eroberte und zur wichtigsten Hafenstadt an der »Via Maris« machte. Die Kreuzfahrer erhoben nach dem Fall von Jerusalem Akko zu ihrer Hauptstadt. Hier entstand der Deutsche Orden. Die Zitadelle (*rechte Seite oben rechts*) wurde im 18. Jahrhundert auf den Mauern der Johanniterfestung erbaut. Die Briten hielten hier jüdische Untergrundkämpfer fest, bis sie sich in einer vielbeachteten Aktion aus dem alten Gewölbe selbst befreien konnten.

Folgende linke Seite: Gegenüber der Johanniterfestung in **Akko** erhebt sich auf dem Gelände der früheren Heiligkreuzkathedrale der Franken die von Ahmed Pascha al-Jezzar gebaute Moschee. Sie entstand 1781 und belegt den türkischen Rokoko. Die würdige Gartenanlage wird von Arkadenhallen umschlossen, hinter denen Koranschüler in ihren Zellen lebten.

Folgende rechte Seite: Innenansicht der Ahmed Jezzar-Moschee in Akko.

Über dem Dominikanerkloster aus der Kreuzfahrerzeit in **Akko** ließ Ahmed Pascha al-Jezzar, von 1775 bis 1805 Herr über Palästina und Förderer von Akko, die Säulenkarawansaray errichten. 1906 wurde zu Ehren eines Thronjubiläums des osmanischen Sultans Abdül Hamid II. über dem Nordtor der Uhrenturm errichtet.

Ahmed Pascha al-Jezzar baute in **Akko** auch dieses öffentliche Badehaus, das er nicht weniger prachtvoll ausstattete als die nahe Moschee. Bis zur Staatsgründung von Israel wurde das türkische Bad noch genutzt. Heute ist ein städtisches Volkskundemuseum darin untergebracht.

Dieses Hohe Aquädukt stammt aus der großen Zeit der Stadt **Caesarea** unter König Herodes. Es brachte das Wasser aus den Karmelbergen an die Küste; ein gutes Jahrhundert später erweiterte Kaiser Hadrian diese Anlage durch das Tiefe Aquädukt.

Dieses Theater im Süden von **Caesarea** wurde von König Herodes dem Großen errichtet. Etwa 5000 Menschen finden hier Platz; es ist kleiner als das Amphitheater im Nordosten, von dem nur wenig erhalten blieb. Es wurde restauriert und erlebt heute wieder prächtige Aufführungen.

Die Südostecke der Kreuzfahrerfestung in **Caesarea** mit ihrem kaum mehr erkennbaren Eckturm. Die Stadt der Kreuzfahrer nahm nur einen geringen Teil der älteren römisch-byzantinischen Stadt ein. Zwei Mauern und 16 Türme schützten die Stadt der Franken. Um 1884 siedelten die Osmanen muslimische Bosnier in den Ruinen der Festung an. An sie erinnert das Minarett ihrer Moschee (*oben Mitte links*).

Rechte Seite: Diese hohe Halle mit ihrem Kreuzrippengewölbe ist Teil der Befestigung aus der Kreuzfahrerzeit in Caesarea. Schutz und Schatten sollten diese so prächtig überdachten Torhallen bieten. Die Sonne halten sie auch noch heute fern.

Die römische Stadt **Caesarea Maritima** hatte einen ebenso großen Tempel wie Jerusalem, mehrere Theater und eine Pferderennbahn. Reichtum sollte die Stadt bezeugen. Von den Statuen der Kaiser und Götter blieben oft nur Reste übrig: ein Fuß.

Rechte Seite: Große Teile vom römischen Hafen der Stadt Caesarea liegen heute unter Wasser. Schon die Kreuzfahrer nutzten die römischen Säulen in den überschwemmten Teilen der Hafenanlage zur Befestigung eines Kais. Ahmed Pascha al-Jezzar transportierte von hier viele Steine zum Bau seiner Stadt Akko ab. Heute orten Taucher den alten Hafen von Caesarea und stoßen immer wieder auf die Hinterlassenschaft einer ehrwürdigen Stadt.

Der zu Jerusalem nächste Mittelmeerort war stets **Jaffa**. Ein Sohn Noahs habe die Schiffsanlegestelle begründet, heißt es über den »ältesten Hafen der Welt«. Er gab den Schiffen nie genug Schutz, um bedeutend zu werden. Ähnlich wie heute sah Jaffas Fischerhafen schon im 19. Jahrhundert aus, als die ersten Zionisten und deutsche Templer hier das Gelobte Land betraten.

Zwischen dem arabisch geprägten **Jaffa** mit seinen oft noch traditionellen Kuppeldächern, die die Hitze abweisen sollen, und der modernen Stadt bauten jüdische Siedler von 1890 an auf dem Sande die ersten Wohnviertel für den »Hügel des Frühlings«, **Tel Aviv**. Moderne Hektik hält heute die gesamte Bucht gefangen. Die seit 1950 vereinte Stadt Tel Aviv-Jaffa schläft nie.

Aschkelon war schon vor mehr als 7000 Jahren besiedelt. Später gehörte es meist zu den ägyptisch beeinflußten Städten Kanaans. Das galt auch für das hellenistische Aschkelon der vom Nil aus herrschenden Ptolemäer.
Seit Jahrzehnten graben die Archäologen die Stadt aus. Dabei kamen bronzezeitliche Stadtbefestigungen und Tore zum Vorschein.
Reste einer Kreuzfahrerkirche und ein Stück der Stadtmauer künden von der kurzen Phase unter den Franken. Im Jahre 1153 war es Balduin III. gelungen, die Stadt einzunehmen. 1187 fiel sie an Saladin zurück, und nur zwischen 1192 und 1247 war sie noch einmal von Christen regiert. Richard Löwenherz ließ die Stadtmauern von 1192 an verstärken. Sultan Baibars schleifte sie 1270 wieder.

Rechte Seite: Gegen die See bauten die Kreuzfahrer in Aschkelon eine Schutzmauer und bestückten sie mit römischen Säulen »in Zweitverwendung«. Sie sollten die Wellen brechen.

Jericho und die Judäische Wüste

Beduinen, ihre Zelte und Höhlen umgeben das griechisch-orthodoxe Mar Sabakloster östlich von Bethlehem in der Judäischen Wüste, den in der Region ältesten noch immer »arbeitenden« Konvent. Früher versorgten die Beduinen »ihre« Mönche am Ende der kurvenreichen Straße im Wadi Kidron. Ihre Esel trugen, was hinter den Klostermauern nicht selbst produziert wurde.
Das Bergland von Judäa war nie so fruchtbar wie die Täler und Hügel Samarias, wo einst das Nordreich Israel lag. In Judäa gab es in biblischer Zeit keine Städte, wohl aber eine homogene ländliche Bevölkerung, die seit einem Klimawechsel in der Jungsteinzeit, zwischen 6000 und 4000 v. Chr., immer schwerer gegen die sich ausbreitende Wüste kämpfen mußte. Selbst die Könige David und Salomo – etwa ein Jahrtausend v. Chr. – werden noch nicht über eine geordnete Staatsstruktur verfügt haben mit Beamten, Schreibern und Verwaltern, die z. B. die Keramikproduktion regelten oder den Olivenanbau. All dies begann in Judäa wohl erst in der zweiten Hälfte des 8. Jahrhunderts v. Chr., etwa 150 Jahre später als im Nordreich.

Östlich von Jericho überschritten die Israeliten der Tradition nach den Jordan vor der »Landnahme« Kanaans, wo doch »Milch und Honig fließen« sollten. Sie empfing zunächst aber die **Wüste**, in die sich Jesus nach seiner Taufe im Jordan bei al-Maghtas zurückgezogen haben soll. Byzantinische Klöster und Kirchen erinnern zu beiden Seiten des Jordan an seine Taufe. Nahe bei Jericho liegt das Gerasimoskloster. Es hält das Gedächtnis an jenen Heiligen wach, der einen wilden Löwen zu seinem Hofhund zähmte.

Das bis etwa 5000 v. Chr. fruchtbare **Jordantal** mit seinen vielen Brunnen und Siedlungen erblüht heute nur noch im Frühling und an seinen Oasen. Auch läßt sich auf dem jordanischen Ostufer wegen eines Kanals leichter Landwirtschaft treiben als am Westufer. Schafe und Ziegen, die kein Grün sprießen lassen, trugen bei diesem harten Klima mit zur Verkarstung des Bodens bei.

König Herodes zog im Winter in das milde **Jericho**, wo er neben den hasmonäischen Vorgängerbauten einen prachtvollen Palast zu beiden Seiten des Wadi Qelt errichten ließ. Wie kaum ein anderer Bauherr der Antike verstand es Herodes, die Natur für seine Bauten zu nutzen: das Wasser zur Versorgung und für das Vergnügen – wie hier im Wadi Qelt. Den Wind suchte er, um die Hitze des Sommers zu mildern. Darum richtet sich auf Massada sein Palast nach Norden, von wo meist eine kühle Brise weht. Das Herodion bei Bethlehem und andere Burghöhen nutzte er, um sich gegen ersonnene und wirkliche Feinde zu schützen. Reich stattete der König die Badehäuser aus. Das im Durchmesser etwa acht Meter große Kaltwasserbad trug nicht nur in der Mitte eine Statue auf dem Podest, auch die vier halbrunden Nischen werden so verziert gewesen sein. Die Grabungen sind leider nur zum Teil zum Schutz der Funde neuerlich mit Sand bedeckt worden. Andernorts spielen Beduinenkinder mit den Mosaiken.

Unscheinbar liegt hier in **Jericho** das älteste bekannte Bauwerk der Menschheit: ein aus groben Steinen aufgeschichteter runder Turm. In seinem Inneren führt eine Wendeltreppe auf die neun Meter hohe Plattform. In der Jungsteinzeit vor etwa 9000 Jahren dürfte dieser Bau entstanden sein. Später wurde er in ein Mauersystem integriert. War dieser Turm Teil eines Heiligtums? Sollte von ihm aus die Wasserquelle bewacht werden? Oder schützte sich von ihm aus ein erster hier seßhaft gewordener Clan? Eindeutige Antworten wird es wohl nie geben. In den letzten Jahren wurden mehrere andere Plätze im Jordangraben und auch am See Genezareth ausgegraben, die auf eine ähnlich alte Besiedlung oder auf viel ältere Lagerplätze schließen lassen, so »Jilat« oder En Gev im Jordangraben (etwa vor 15000 Jahren). Sogar fast 20000 Jahre alt dürfte ein steinzeitliches »Fischerdorf« im Südwesten des Sees Genezareth sein, wo Archäologen Böden und Wände aus Holz ausgruben und sogar eine Grabstätte. »Ohalo II« wurde die Ansiedlung getauft, die in den meisten Jahrhunderten nach ihrem Entstehen von Wasser bedeckt war.

Der Omaijadenkalif Hischam ibn Abd al-Malik, der zehnte Kalif aus der ersten muslimischen Herrscherfamilie im Brückenland, gab diesem prachtvollen Landsitz nördlich von **Jericho** seinen Namen. Nur eines ihrer Wüstenschlösser bauten die Omaijaden westlich des Jordan. Wohl 742 begann der Bau am Hischampalast. Schon 746 zerstörte ein Erdbeben den Bau, der dann unter den 750 an die Macht kommenden Abbasiden verfiel. Etwa 160 mal 130 Meter groß ist die Anlage, die wie ein Kastell erscheinen mag, aber doch vor allem nach ästhetischen Gesetzen gebaut wurde. Mauern und Türme umschlossen einen Vorhof mit einem überdachten Wasserbecken und den Palast der Herrscherfamilie, zu dem eine Moschee genauso gehörte wie prachtvolle Badeanlagen.

Auf einen prächtigen, aber auch eleganten Lebensstil weist das wohl schönste Mosaik-Dokument der frühislamischen Zeit hin. Es bedeckt in den ausgedehnten Badeanlagen im Nordwesten des Hischampalastes in **Jericho** den Ruheraum, der mit seinem Halbrund eine Apsis darstellt. Drei Gazellen knabbern an den Blättern eines Orangenbaumes, der das Mosaik in vielfach schattierten Farben beherrscht. Da bricht plötzlich ein Löwe in das friedliche Bild ein und reißt eine der Gazellen, die nicht mehr fliehen kann.

Prachtvolle Reliefs verzieren die Arkaden an einem Wasserbecken (*oben*) und die Mauern des Durchgangs zwischen Vor- und Innenhof (*rechts*) des Hischampalastes in **Jericho**. Kunsthistoriker nehmen an, daß sich die europäische Gotik aus der frühislamischen Baukunst einige Anregungen besorgte.

Eine römische Wasserleitung führte durch das **Wadi Qelt** neben einem einst wichtigen Weg vom Jordangraben nach Jerusalem. Sie versorgte den Winterpalast des Herodes in Jericho. Die Wasserleitung wurde im letzten Jahrhundert von den Briten, deutlich schlechter, nachgebaut.
Schon in spätrömischer Zeit zogen sich in die Felshöhlen Einsiedler zurück, um Jesu Leben in der Wüste nachzuempfinden. Im 6. Jahrhundert entstand ein Marienkloster, das später den Namen von Kirchenvater Georg von Koziba bekam. Auf seinen Resten wurde zwischen 1878 und 1901 das griechisch-orthodoxe Georgskloster errichtet, das mit seinen blauen Kuppeln zur Rast einlädt.

Es ist heute unvorstellbar, daß die Kirchenväter diese wüste Hügellandschaft in den Bergen von **Judäa** eine »geistige Wiese« nannten. Im Bannkreis von Jordan, Jerusalem und Bethlehem lebten besonders viele Mönche in der Einsamkeit; und doch verbanden viele Pfade die einzelnen Klausen. Etwa hundert Klöster gab es hier.
Juden und Christen feiern im Frühling Pessach und Ostern. Den Muslimen aber fehlte ein Jahreszeitenfest. Dem wollten die Herrscher im Mittelalter abhelfen. So errichtete Sultan Baibars um 1265 ein Heiligtum für den Propheten Moses, das **Maqam al-Nabi Musa**, das die Pilger in jener kurzen Zeit anlocken sollte, wenn die Wüste blüht und die Hitze noch nicht alles austrocknet.
Bei seinem Vorhaben bezog sich der Sultan auf einen Traum eines Vorgängers: Die Engel berichteten Saladin im Schlaf, Allah habe den Leichnam des Mose über den Jordan getragen und hier beerdigt. Rund um das Grabhaus bauten die Mamluken im 15. Jahrhundert eine Herberge. Vor allem Beduinen, aber auch andere Muslime, wenn sie auf ihrer Pilgerfahrt zu diesem »Mosesgrab« sterben, werden bei diesem muslimischen »Kloster« beigesetzt.

Schon im späten 1. Jahrhundert wurde in **Bethlehem** die »Geburtsgrotte Jesu« verehrt. Über dieser Stelle ließ Kaiser Konstantin vom Jahr 326 an die Geburtsbasilika bauen, die bis heute nach den Maßen der fünfschiffigen Basilika den alten Eindruck bewahrt. Die konstantinische Kirche hatte aber keinen rechten Platz für den Altar, denn an der Stirnfront der Kirche befand sich eine Rotunde; von einem Umgang ließ sich auf die Grotte hinuntersehen. Schon vor Kaiser Justinian, wobei die Datierung noch ungeklärt ist, wurde darüber der heutige Altarraum gebaut. Die Mosaiken an den Wänden des Hauptschiffes entstanden in der Zeit der Kreuzfahrer; sie halten die Beschlüsse der Konzile fest und zeigen die »Ahnen« von Jesus.

Niedrig ist der Eingang zu der bewehrt erscheinenden Geburtskirche in **Bethlehem** (*hinten links*). Das um 326 gebaute spätrömische Triumphportal wurde später mehrfach durch kleinere Türen ersetzt, so daß kein Pferd mehr in die Kirche stürmen konnte und heute die Menschen gebückt in das Heiligtum eintreten müssen. Klöster der griechisch-orthodoxen Kirche, der Armenier (*rechts mit Turm*) und der Katholiken zeigen die Besitzrechte an dem Komplex an. Vor einigen Jahrzehnten wurde das Dach über der Basilika in einer Weise neu gedeckt und versiegelt, so daß die Feuchtigkeit nicht abziehen kann; sie frißt sich vielmehr noch leichter durch das morsche Gebälk. Jedes schwere Gewitter, jedes Erdbeben könnte das Dach über dem Eingang zum Einsturz bringen.

Oft bestatten die Beduinen ihre Toten in der Nähe von Gräbern weiser Scheichs oder Vorbeter. Sie scheuen auch nicht die Nähe eines christlichen Grabes aus byzantinischer Zeit, mit dem sich wunderwirkende Kräfte verknüpfen sollen. Im Hintergrund erhebt sich 758 Meter hoch das **Herodion** aus der **Judäischen Wüste**. Mit dem Bau des Herodion und dem Abtragen eines Nebenhügels versuchte König Herodes der Große 23 v. Chr. nach dem Gleichnis »Berge zu versetzen«.

Auf dem einen Hügel baute Herodes zwischen vier Türmen einen Palast, das **Herodion**. Danach trug er Erde von einem Nebenberg ab und umwallte damit sein Bauwerk. Als Herodes 4 v. Chr. starb, wurde er wohl nicht auf dem Berg beerdigt. Wahrscheinlicher ist ein Grab in der Unterstadt. Den 70 mal 45 Meter großen künstlichen See, das Herz eines Gartens, umgab eine Säulenhalle.

Zum Teil ist noch der herodianische Verputz an den Wänden des Palastes im **Herodion** erhalten. Von dieser Exedra sah der Besucher in den Garten nach Norden. Rechts der einzige Festungseingang.
Zeloten suchten hier Unterschlupf vor den Römern. In byzantinischer Zeit ließen sich Mönche in den Ruinen nieder.

Vom Ostturm herab läßt sich die gesamte Palastanlage erkennen. Das herodianische Triclinium (*oben links*) wurde in der Zeit der jüdischen Revolte gegen die Römer 66 n. Chr. von den Zeloten zur Synagoge umgestaltet. Bis Bethlehem und Jerusalem reicht der Blick vom **Herodion** hinab über die Judäische Wüste.

In den Felsen über dem Kidron ließ sich nach einer Eingebung der Liturgiker und Theologe Sabas nieder und begann 483 ein spirituelles Zentrum um seine »Große Laura« zu bauen. In einer Höhle wurde 490 die »Von Gott selbst gebaute Kirche« **Mar Sabas** geweiht. Der Heilige starb 532 mit mehr als 90 Jahren und liegt unter der blauen Kuppel dieses Klosters begraben. Das Kloster wurde mehrfach zerstört und wieder aufgebaut; die Feier der heiligen Liturgie wurde niemals unterbrochen. Frauen haben keinen Zutritt.

Wie viele Mönche vor 1500 Jahren, so leben heute noch viele Beduinen in Höhlen der **Judäischen Wüste**. In der Regel bestehen die Höhlen aus einem privaten Wohnbereich und dem Raum, in dem die Gäste empfangen werden. Der Staat möchte die Beduinen gerne in Häuser umsiedeln, aber niemand läßt gerne von den Sitten seiner Ahnen.

Das Tote Meer und sein Westufer

Das Tote Meer, aus dem schon die Königin von Saba ihre Badesalze gewann, hat von jeher die Menschheit in Erstaunen versetzt: Als der römische Heerführer Vespasian »einige Nichtschwimmer, denen die Hände auf dem Rücken zusammengebunden worden waren, in das tiefe Wasser werfen ließ, schwammen tatsächlich alle an der Wasseroberfläche, als hätte sie ein Wind mit Macht nach oben gedrängt«, wunderte sich Flavius Josephus. Mit dem aus Zufluß- und Regenmangel sinkenden Wasserstand, der das »Asphaltmeer« in zwei Teile spaltet, stieg im Norden der Salzgehalt auf mehr als 30 Prozent an. Schon vom Ufer aus sind weiße Salzkrusten und weißer Salzschaum zu erkennen. Das Meer mag tot sein, aber die Farben malen ein lebendiges Bild: Blau ist der Himmel, blau und türkis ist das Wasser und zeichnet sich vom braunroten Fels der Berge Moabs in Jordanien ab.

Jede Tagesstunde malt ein neues **Totes Meer** und sein Spiegelbild. Die Farben ergeben sich aus den Salzverdunstungen. Da kaum mehr Wasser zufließt, trocknet der See nicht nur aus; das Wasser wird auch immer schmutziger.

Von der Siedlung der streng-jüdischen Essener sieht man zu einigen der Höhlen von **Qumran** am Toten Meer. Dort fand im Frühling 1947 der Beduinenjunge Mohammed auf der Suche nach einer Ziege eine erste Höhle mit Tonkrügen. Darinnen lagen 2000 Jahre alte Schriftrollen. In Leinen eingewickelt und mit Pech und Wachs versiegelt, waren sie in der trockenen Luft nicht zerfallen. Seither sind weitere Höhlen entdeckt und Schriftrollen geborgen worden. Alle, auch kleinste Schnipsel sind der Wissenschaft zugänglich und berichten von dieser jüdischen Sekte. Die Essener lebten mit einem eigenen Kalender und eigenen Reinheitsgeboten abgeschnitten von der übigen jüdischen Bevölkerung. Qumran war wohl ihr Zentrum. Dort wohnten ihre Führer in einer Männergemeinschaft und betrieben Landwirtschaft; sie kopierten aber auch die Bibel und eigene Gesetzbücher, bis sie 68 vor dem römischen Heer des Vespasian ihre Schriften verstecken und fliehen mußten.

Mitten aus der unfruchtbaren Wüste und dem kahlen Stein quellen das Wasser und Grün von **En Gedi** am Toten Meer, wo Ibex und Klippschliefer den Wanderer bis zum Wasserfall begleiten.
Tief in einer Höhle über der Quelle soll einst David geruht haben, als sein Verfolger, König Saul, am Eingang rastete. David schlich zum König, schnitt einen Zipfel seines Gewandes ab und wich in das Dunkel der Höhle zurück. Als der König weitergezogen, aber gerade noch in Hörweite war, hielt David ihn mit seinem Rufen auf. Er zeigte den Stoffetzen und beschämte Saul mit dem Hinweis, er hätte den König töten können, »aber ich habe Dich verschont«.

Etwa 440 Meter über dem Toten Meer erhebt sich der **Massada**-Felsen, den Herodes der Große zu einer uneinnehmbaren Festung ausbauen ließ. Sein Nordpalast, in Terrassen in den Fels gehauen (*oben links*) war der Sonne abgeneigt und dem Wind zugeneigt. Soldaten schützten auf dem Plateau die privaten Gemächer des Königs. Als Jerusalem schon längst gefallen war, hielten sich noch immer Zeloten und Essener auf dem Felsen. Die Römer schichteten von Westen eine Rampe auf (*oben rechts*). Auch die Römerlager sind noch zu sehen. Nach mehreren Monaten gelang den Römern Anfang 73 die Eroberung. Heute wird in der Wissenschaft der Selbstmord der vielen hundert Zeloten bezweifelt. Wahrscheinlich brachten sich nur die jüdischen Anführer um. Die Mehrheit wanderte wohl in die Sklaverei.

Rechte Seite oben: Zur Zeit des Herodes wurde das nichtjüdische »Personal« in Urnen in diesen Grabhäusern beigesetzt.
Rechte Seite unten: Die Zeloten lebten in einfachen Behausungen in den herodianischen Kasematten am Rand des Felsens.

Auf der Gewürzstraße durch die Negevwüste

In Farben von Weiß über Braun bis zum Rot liegt das Zohartal am Südende des Toten Meers. Kein Gras scheint hier zu wachsen; kaum ein Tier wird hier leben. Einst sollen hier Sodom und Gomorrha geblüht haben, bis Gott auf die ungehorsamen Städter »Schwefel und Feuer regnen ließ« und alles vernichtete. Ein Erdbeben dürfte in der Mittleren Bronzezeit (2000–1550 v. Chr.) diese Formationen geschaffen haben. Heute bauen die israelischen »Dead Sea Works« Brom, Salz und Magnesium ab. Das neue Sedom wuchs als Siedlung für deren Arbeiter. Bei der Burg der arabischen Nabatäer Mezad Zohar, die über eine Karawanenstraße wachte, wächst jetzt der Badeort Newe Zohar.
Zwischen etwa 300 v. Chr. bis zur Annexion ins Römische Reich 106 n. Chr. besaß auf der Weihrauch- und Gewürzstraße von der arabischen Halbinsel bis nach Gaza am Mittelmeer das arabische Volk der Nabatäer mit seinen Dromedarkarawanen das Handelsmonopol. Ihr Königreich lebte von Handel und politischem Geschick. In byzantinischer Zeit konvertierten die Nabatäer zum Christentum und hinterließen prachtvolle Kirchen.

Linke Seite: **Mamschit** ist der nördlichste der Nabatäerorte und eine zum Teil in den Fels gehauene Karawansaray-Stadt mit einem ausgefeilten Wasserversorgungssystem.

Rechte Seite oben: Aus dem 4. Jahrhundert stammt die »Westkirche«, die einer Inschrift zufolge von einem Neilos gestiftet wurde.
Rechte Seite unten: Die Überreste der Stadtkommandantur aus der spätbyzantinischen Zeit, bevor die Omaijaden die Stadt 634 eroberten.

Linke Seite: Stufen führen in das kreuzförmige Taufbecken der Südkirche von **Schivta** aus dem 4. Jahrhundert, einer weiteren nabatäischen Ruinenstadt in der Negevwüste südwestlich von Beerschewa. Im tiefen Kreuzbaptisterium wurden die Erwachsenen, in dem kleinen halbmondförmigen daneben die Kinder getauft.
Rechte Seite: Blick über Schivta zur Georgs-(Nord)kirche aus dem 4. Jahrhundert, die erst nach einem Erdbeben um 506 zwei zusätzliche Seitenapsiden erhielt.

Linke Seite: Auch in byzantinischer Zeit wird der Negev nicht fruchtbar gewesen sein. Jeder Tropfen wurde gesammelt und bewahrt. Die gute Wasserbewirtschaftung machte sogar den Weinanbau möglich. Das belegen zwei Weinpressen der Kelteranlagen von **Schivta**.
Rechte Seite: Zur Zeit von Kaiser Konstantin soll nach einem Bericht (etwa aus dem Jahr 390) des Bibelübersetzers Hieronymus aus Bethlehem Wüstenvater »Hilarion der Große« (gestorben 371) aus Gaza mit seinem Gefolge in die Wüste gewandert sein, um die Nabatäer zu bekehren. Auf ihn soll auch die früheste Kirche der Nabatäer, dieser Bau in **Avedat** aus dem 4. Jahrhundert, zurückgehen. Er entstand aus einem bis dahin heidnischen Tempel. Düster war es in den zunächst einschiffigen Kirchen; und der sonst bis zum Wüstenhorizont in die Ferne schweifende Blick wurde vom Kreuz in der Apsis gefangen, das Kerzen beleuchteten.

Nicht weit von der ägyptischen Grenze entfernt liegt der **Har** (Berg) **Karkom** in der »Wildnis von Paran«, der Heimat von Abrahams Sohn Ismael. Von hier aus sollen Moses und Josua die zwölf Kundschafter ausgeschickt haben, um das Gelobte Land zu erforschen.
Einige Wissenschaftler halten den Karkom für jenen Berg, auf dem Moses die Zehn Gebote erhielt. Mehr als 200 Plätze und Kultstellen wurden auf seinem Plateau gefunden, mehr als 40 000 Felsmalereien entdeckt. Viele »Stile« finden sich dabei, von den Jägern und Sammlern vor 12 000 Jahren über bronzezeitliche »Bauernbilder« der Seßhaften bis zu den Kritzeleien von Hirtenjungen in den letzten Zeiten.
Die Kompositionen mit ihren inhaltsreichen Darstellungen und mythischen Bezügen belegen die hohe kultische Bedeutung des Karkomberges. Doch sind die Rätsel um diese Steine in der Wüste nicht gelöst.

Sonderbare Felsen in bizarren Formen finden sich im Bergland und in der Mulde von **Timna** dreißig Kilometer nördlich von Eilat. Jahrtausende der Erosion ließen »Pilze« und »Säulen« entstehen. Schon zur Frühen Bronzezeit wurde bei Timna auch Kupfer abgebaut. Von etwa 3000 v. Chr. stammen die ältesten Kupferöfen. Das kostbare Metall machte diese Gegend für die ägyptischen Pharaonen und später für die judäischen Könige wichtig.

Zeittafel

vor ca. 2 Mio. Jahren
Ältester »werktätiger Urmensch« (homo habilis) im Jordangraben (Hinweise beim Kibbuz Gescher).

vor ca. 100 000 Jahren
»homo sapiens« (Funde in der Höhle von Qafzeh bei Nazareth).

14 000–8 000 v. Chr. Mittlere Steinzeit
Erste Ansiedlungen der Natuf-Kultur (Funde im Huletal, bei Jericho und am Karmel). »Fischerdörfer« am See Genezareth. Frühe Steinmalereien am Karkomberg im Negev.

8 000–4 000 v. Chr. Jungsteinzeit
Erste städtische Siedlungen (in Jericho und anderen Stellen im Jordantal).

4 000–3 000 v. Chr. Kupfersteinzeit
Früher Kupferabbau in Sinai und Negev für das Reich am Nil.

3 200–2 200 v. Chr. Frühbronzezeit
Eigenständische städtische Kultur der als Kanaaniter bezeichneten Urbevölkerung in den befestigten Städten des Brückenlandes.

2 100–1550 v. Chr. Mittelbronzezeit
Zunächst Untergang der blühenden Stadtstaaten der Kanaaniter; von 2 000 v. Chr. an Neubeginn.
Pharaonen des Mittleren Reiches dehnen ihren Herrschaftsbereich bis weit in das kanaanitische Siedlungsgebiet aus. Vermutete Zeit der Patriarchen (Abraham, Isaak, Jakob).

1550–1150 v. Chr. Spätbronzezeit
Zur Zeit von Pharao Tuthmosis Amenophis III. oder seinem Nachfolger Amenophis IV. Echnaton (1353–1336) taucht erstmals der Begriff »Hapiru« (Hebräer) auf.

1350–1130 v. Chr. Blüte von Megiddo

um 1220 v. Chr.
Erwähnung des Namens »Israel« als einer Landschaft auf der »Siegesstele« des Pharao Merenptah (um 1210). Flohen in dieser Zeit »Israeliten« unter Moses vom Nil nach Kanaan?

1200–586 v. Chr. Eisenzeit
Von 1200 v. Chr. an (Frühe Eisenzeit) Niederlassung des »Seefahrervolks« der Philister an der Mittelmeerküste und Gründung des Fünfstädtebundes von Gaza, Aschdod, Aschkelon, Gat und Ekron. Der Bibel zufolge erobern in diesem Zeitraum die »zwölf Stämme« unter Moses' Nachfolger, Josua, das Land Kanaan. Mutmaßlich siedeln sich verarmte Kanaaniter, »Hapiru« und »Israeliten« auf den Höhen zwischen Mittelmeer und Jordangraben an.

um 1050 v. Chr.
Erste militärische Zusammenstöße zwischen Philistern und den israelitischen »Stämmen«. Teile der Israeliten schließen sich unter einem ersten Stammeskönig, Saul, zusammen.

1020–586 v. Chr. Zeit der Könige
Erste »Blütezeit« Israels wohl 1000–926 v. Chr. unter David und Salomo. David gewinnt – als Herr einer Personalunion von Nordreich und Judäa – um 1000 v. Chr. die bisher unabhängige aber verarmte Stadt Jerusalem. Er macht sie zur gemeinsamen Hauptstadt aller zwölf Stämme. Die Bundeslade wird erstmals Zentralheiligtum.
Davids Nachfolger Salomon baut den Ersten Tempel. Der Bibel zufolge erstreckt sich sein Reich von Dan bis Beerschewa, vom Mittelmeer bis über den Jordan. Mutmaßlich war es weitaus kleiner.
Nach Salomos Tod wird (um 930 v. Chr.) die Personalunion wieder aufgegeben: das wohlhabende Nordreich Israel löst sich vom kleineren Südreich Juda (Jerusalem) unter Salomos Sohn Rehabeam.
Die Bibel läßt sich zunehmend als judäische Staatschronik verstehen. Das Nordreich (Jerobeam, Omri, Ahab etc. bis Hosea) entwickelt sich vor Judäa zu einem Staat mit Verwaltung (Schreibern), Monopolen und der Massenproduktion von Waren. Unter Omris Sohn Ahab wird Israel zu einer militärischen und wirtschaftlichen Regionalmacht.

722 v. Chr.
Eroberung des Nordreichs durch die Assyrer. Der Bibel zufolge werden die »zehn Stämme« verschleppt; später gelten sie als »verloren«. Vermutlich wurde nur die Elite in das Exil geführt. Viele Israeliten fliehen nach Judäa und sorgen für einen Aufschwung von Jerusalem, das König Hiskia vergrößern kann. Nun wird auch Juda zu einem Staat mit Verwaltung und Monopolen. In Israel werden Babylonier und Syrer angesiedelt. Die Geschichte der »Samariter« beginnt.

622 v. Chr.
Der judäische König Josia erklärt offiziell den Tempel als das einzig zugelassene Heiligtum und beseitigt den Samaritertempel auf dem Gerizim bei Sichem.
Einige Generationen später wird die Bundeslade aus dem Allerheiligsten entfernt oder versteckt; sie gilt seitdem als verschollen.

586 v. Chr.
Nachdem die Babylonier Jerusalem 597 erstmals unterworfen und in den Tribut gezwungen haben, versucht der judäische König gleichwohl eine Allianz mit Ägypten. Das wird mit der Zerstörung Jerusalems durch den babylonischen König Nebukadnezar II. geahndet. Der Tempel wird niedergerissen. Während das Umland weitgehend verschont bleibt, wird die judäische Elite in die babylonische Gefangenschaft geführt.
Die Babylonier regieren Judäa vom unzerstörten Mizpeh aus.

539–332 v. Chr. Persische Herrschaft
Eroberung Babylons durch den Perserkönig Kyros II. Der König fordert wohl eine Verfassung und Staatschronik zur Gewährung einer judäischen Autonomie um Jerusalem. Die Niederschrift der schriftlichen und mündlichen Bibeltraditionen beginnt. Das früher judäische Hebron gehört offenbar nicht zur verliehenen Autonomie. Allmählich kehren einige tausend Exulanten nach Judäa zurück, das nun eine autonome Provinz im Perserreich ist. Der Bibel zufolge errichten der »Schreiber« Esra und der »Beamte« Nehemia, wohl keine Zeitgenossen, das Südreich wieder auf. Die Stadtmauer von Jerusalem wird gebaut, in mehreren Phasen auch der Tempel. Die Fünf Bücher Moses werden kodifiziert. Mischehen mit Samariterinnen werden verboten.

515 v. Chr.
Einweihung des Zweiten Tempels in Jerusalem. Schon im Jahr 445 soll Esra vor der Bevölkerung an mehreren Tagen die Thora, die Fünf Bücher Mose, vorgelesen haben.

333–63 v. Chr. Hellenistische Zeit
In der Schlacht bei Issus besiegt Alexander der Große die Perser. Im Jahr darauf erobert er Judäa. Nach dessen Tod Herrschaft der ägyptischen Ptolemäer und der syrischen Seleukiden.

167 v. Chr.
Nachdem der jüdische Tempel Zeus-Olympios geweiht und der Vorhang zum Allerheiligsten im Tempel nach Olympia in Griechenland gebracht worden war, bricht der Makkabäer-Aufstand religiöser Juden gegen die seleukidische Herrschaft aus; Begründung der Hasmonäer-Dynastie und Bildung eines jüdischen Nationalstaates. Aus dieser Zeit stammen die ersten Schriftrollen, die von 1947 an in Qumran gefunden werden.

63 v. Chr.–324 n. Chr. Römische Herrschaft
Einmarsch römischer Truppen unter ihrem Feldherrn Pompejus in Palästina, das Teil der römischen Kolonie Syria wird.

38 v. Chr.
Einsetzung Herodes' als Klientelkönig (40–4 v. Chr.) durch die Römer. Gründung neuer Städte, Bau von Palästen, Festungen und paganen Tempeln. Umgestaltung des jüdischen Tempels in Jerusalem und Vergrößerung seines Plateaus. Jesus lebt im wesentlichen in der Regierungszeit von Herodes-Antipas (4 v. Chr.–39 n. Chr.). Pontius Pilatus, Prokurator von Judäa (26–36), ordnet Jesu Kreuzigung an. Erste »christliche« Märtyrer unter Herodes Agrippa I. (39–44).

48 n. Chr. (?)
Apostelkonzil in Jerusalem.

66–70
Erster Jüdischer Aufstand gegen die römische Fremdherrschaft. Eroberung Jerusalems und Zerstörung des Tempels durch Titus, den Sohn von Kaiser Vespasian.

71
Auf Beschluß des Hohen Rates der Juden bildet sich das rabbinische Judentum ohne Tempel in Yavne südlich von Jaffa.

73/74
Fall der Festung Massada am Toten Meer.

132–135
Zweiter Jüdischer Aufstand gegen die Römerherrschaft unter dem Anführer Simon Bar Kochba; er fand nur im judäischen Bergland und so nur südlich von Jerusalem statt; ein Stützpunkt der Zeloten ist das Herodion bei Bethlehem.

185–254
Kirchenvater Origenes – der »erste Theologe«.

260–339
Kirchenvater Eusebius – der »erste Kirchenhistoriker«.

313
Gleichberechtigung und Religionsfreiheit des Christentums gegenüber anderen Kulten durch das Mailänder Edikt von Kaiser Konstantin dem Großen (306–337) und seinem Mitkaiser Licinius. Auf Befehl des Kaisers werden im Heiligen Land die Geburts-, »Grabes«- und Himmelfahrtskirche gebaut. 321 wird der Sonntag für Richter, Stadtleute und Handwerker dekretiert.

324–638 Byzantinische Zeit
Palästina mit Jerusalem als christlicher heiliger Stadt fällt an die byzantinische Osthälfte des nun zweigespaltenen Römischen Reiches. Das Brückenland wird von Konstantinopel aus regiert.

325
1. Ökumenisches Reichskonzil von Nicäa (Glaubensbekenntnis).

380
Kaiser Theodosius I. erklärt das Christentum in seiner Trinität – Vater, Sohn und Heiliger Geist – zur Staatsreligion. Andersgläubige gelten als Ketzer.

340–420
Kirchenvater Hieronymus übersetzt von 386 an in Bethlehem die griechische und die hebräische Bibel ins Lateinische (Vulgata).

451
4. Ökumenisches Konzil in Chalcedon führt zur Abspaltung der altorientalischen Kirchen und zu ersten kirchenpolitischen Spannungen zwischen Konstantinopel (Ost-) und West-Rom.

527–565
Kaiser Justinian (527–565) fördert das Pilgerwesen und erneuert viele kirchliche Bauten, aber wohl nicht die schon vor seiner Zeit erneuerte Geburtsbasilika in Bethlehem.

529
Brutale Niederschlagung der Samaritaner. Kirchenvater Mar Sabas (gest. 532) Klostergründer, Theologe, Liturgiker und Diplomat. 541 und 542 fallen große Teile der Bevölkerung einer Pestepidemie zum Opfer.

614
Einfall der persischen Sassaniden in Palästina und Eroberung Jerusalems; Zerstörung einiger Kirchen. Die Sassaniden ziehen 627 wieder ab. Kaiser Heraclius gewinnt 629 Palästina zurück. Wiederaufbau der Kirchen.

638–1099 Herrschaft der Araber

ab 634–638
Eroberung Palästinas durch die Araber. 638 fällt Jerusalem an die Muslime.

661–749
Herrschaft der in Damaskus residierenden sunnitischen Omaijadenkalifen.
Ramleh wird als Regionalhauptstadt errichtet.

691/692
Bau des Felsendoms.

705
Bau der Al Aqsa-Moschee auf dem Haram al-Scharif abgeschlossen.

750–969
Herrschaft der schiitischen Abbasiden; Kalif Harun al-Raschid (786–809) »Tausend-und-eine Nacht«, Kontakte zu Karl dem Großen über ein Kloster auf dem Ölberg. Weitere Schwächung Konstantinopels.

969–1071
Palästina unter Herrschaft der ägyptischen Fatimiden. Kalif al-Hakim (996–1021) zerstört drei Kirchen, darunter auch die »Grabeskirche« (1009).

1071–1098
Herrschaft der türkischen Seldschuken, die Jerusalem kampflos einnehmen.
Meister Gerhard (gest. 1120) gründet den Orden der »Johanniter«-Hospitaliter.

1095
Aufruf zum Kreuzzug und zur Befreiung der Heiligen Stätten auf dem Konzil von Clermont durch Papst Urban II. Daraufhin zieht ein 80 000 Mann starkes Heer ins Heilige Land. Der byzantinische Kaiser Komnenos in Konstantinopel erhofft sich Hilfe; es kommt

aber nur zu Streit über Führung und Finanzierung.

1098–1099
Jerusalem nochmals in der Hand der Fatimiden.

1099–1291 Herrschaft der Kreuzritter

14. Juli 1099
Stürmung Jerusalems durch das Kreuzfahrerheer unter Gottfried von Bouillon, dem Herzog von Niederlothringen.

1187
Königreich von Jerusalem. Am 1. Juli 1187 siegt der kurdische Aijubide Saladin an den »Hörnern von Hattin« (Galiläa) über die Franken. Mit Hilfe von Bernhard von Clairvaux (1091–1153) wird der Ritterorden der »Templer« päpstlich bestätigt. Zwischen 1229 und 1244 halten die Kreuzfahrer noch einmal Jerusalem nach einem Vertrag zwischen al-Kamil und Friedrich II.

1250–1516 Mamlukenzeit

1291
fällt das Kreuzfahrerreich mit dem Fall von Akko(n) 1291 endgültig wieder in die Hände der Muslime. Die Mamluken übernehmen die Macht.

1516–1917 Osmanische Zeit

1516
Sieg des türkischen Osmanen-Sultans Selim I. über die Mamluken in der Schlacht bei Aleppo.

1520
Sultan Süleyman der Prächtige, der »Zweite Salomo«, übernimmt die Macht; er prägt Jerusalem (u.a. durch eine neue Wasserversorgung und die bis heute erhaltene Stadtmauer).

Mehr als 400 Jahre ist Palästina eine relativ unbedeutende Provinz im Osmanischen Reich.

1730–1770
Dahir al-Omer macht Akko zu seiner Hauptstadt über ganz Galiläa.

1775–1804
Ahmed al-Jezzar, »der Schlächter«, besiegt Dahir al-Omer und reißt die Stadt und das Land an sich. Akko erhält prunkvolle Bauten.

1805
Der albanische Offizier Mohammed Ali wird osmanischer Statthalter in Ägypten.

1833
Der Nachfolger Mohammed Alis, Ibrahim Pascha, erobert und beherrscht Palästina und Syrien.

1840
Ibrahim Pascha muß seine Eroberungen auf Druck der europäischen Mächte Großbritannien, Rußland, Preußen und Österreich an die Osmanen zurückgeben.
Einrichtung von Konsulaten in Jerusalem.

1841
Die anglikanische Kirche und Preußen gründen ein gemeinsames protestantisches Bistum. Die Franzosen sehen sich als Schutzherren der Katholiken. Der Zar ist Patron der orthodoxen Kirchen.

1868
Die deutsche Tempelgesellschaft, »protestantische Zionisten« aus dem Schwäbischen, gründen in Haifa ihre erste Siedlung; später folgen Wilhelma, Jaffa, Sarona, Bethlehem in Galiläa, Walhalla, Waldheim und vor allem Jerusalem (1873).

1878
Die erste jüdische Landwirtschaftssiedlung entsteht in Petach Tikwa östlich von Jaffa.

1882
Eine erste größere Einwanderungswelle (erste Alija) kommt aus Rußland und Polen.

1892
Inbetriebnahme der Eisenbahn von Jaffa nach Jerusalem.

1896
Theodor Herzl veröffentlicht seinen »Versuch einer modernen Lösung der Judenfrage – Der Judenstaat«.

1897
Erster Zionistenkongreß in Basel.

1898
Kaiser Wilhelm II. besucht Palästina.

1910
Die ersten Kibbuzim entstehen.

1904–1914
Zweite Alija; zu Beginn des Ersten Weltkrieges leben in Palästina neben etwa 600 000 Arabern 100 000 Juden.

2. November 1917
Unterstützung der jüdischen Staatsidee durch die »Balfour Erklärung« des britischen Außenministers.

1917/1918
Eroberung Palästinas durch die Briten.

1920–1948
Völkerbund-Mandat Großbritanniens für Palästina und Abtrennung des Ostjordanlandes 1921 als Emirat Transjordanien. Arabischer Aufruf zum heiligen Krieg (Dschihad) gegen die Zionisten. Verstärkte jüdische Alija nach der Machtergreifung der Nazis.

29. November 1947
Beschluß der Teilung Palästinas in einen jüdischen und einen arabischen Staat durch die Vereinten Nationen.

14. Mai 1948
Proklamierung des Staates Israel am Abend vor dem Ende der britischen Mandatsverwaltung durch David Ben Gurion. Kriegserklärung der arabischen Welt.

15. Mai 1948
Krieg zwischen arabischen Truppen und Israel, das sein Staatsgebiet in diesem Krieg um 50 Prozent gegenüber dem UN-Teilungsplan erweitert; 1951 werden Ost-Jerusalem und das Westjordanland von Jordanien annektiert.

29. Oktober 1956
Sinai-Feldzug Israels.

Mai 1964
Gründung der Befreiungsorganisation PLO durch palästinensische Flüchtlinge. Ihre Charta vom Juli 1968 verlangt Israels Vernichtung.

5. Juni–10. Juni 1967 Sechstage-Krieg
Besetzung des Westjordanlands, des Gazastreifens, des Sinai und der Golanhöhen im Sechstage-Krieg durch israelische Truppen. Jerusalem wird ganz erobert; die Stadtgrenzen werden neu gezogen. 1968 übernimmt Arafats Fatah die PLO.

6. Oktober–11. November 1973 Yom-Kippur-Krieg
Der ägyptische und syrische Versuch, die ihnen 1967 verlorengegangenen Territorien zurückzugewinnen, kann vereitelt werden.

20. November 1977
Bekräftigung seiner Friedensbereitschaft durch den ägyptischen Präsidenten Sadat vor der Knesset.

17. September 1978
Frieden zwischen Israel und Ägypten durch das Abkommen von Camp David; Rückgabe der Sinai-Halbinsel an Ägypten 1982.

1982
Zweiter Einmarsch israelischer Truppen in Libanon seit der »Litani-Operation« 1978; Vormarsch bis Beirut. Die PLO-Truppen werden geschlagen und ziehen nach Tunis ab.

1987
Beginn der »Intifada« (Abschüttelung): palästinensischer Volksaufstand in Westjordanland und Gazastreifen gegen die israelische Besatzung.

1988
Arafat erkennt das Existenzrecht Israels an (Zweistaaten-Lösung).

Oktober 1991
Beginn der Friedensverhandlungen zwischen Israel und Vertretern der besetzten Gebiete auf der Madrider Nahost-Konferenz, nachdem die Alliierten die Besetzung Kuwaits durch Irak militärisch beendeten.

16. September 1993
Das »Oslo«-Abkommen zwischen Israel und PLO um die Autonomie der besetzten Gebiete wird in Washington paraphiert.

4. Mai 1994
Unterzeichnung des Autonomieabkommens durch den israelischen Ministerpräsidenten Rabin und den PLO-Chef Arafat in Kairo. Die palästinensischen Autonomiebehörden erhalten unterschiedlich autonome Gebiete (Zonen A und Zonen B). Arafat kann die palästinensischen Städte übernehmen.

26. Oktober 1994
Unterzeichnung des Friedensvertrages zwischen Israel und Jordanien in der Arava-Senke.

4. November 1995
Ermordung des israelischen Ministerpräsidenten Rabin in Tel Aviv durch einen religiös-extremistischen Juden.

1999
Nach gut zwei Jahren der Stagnation unter Ministerpräsident Benjamin Netanjahu (Likud) siegt Ehud Barak mit seinem Bündnis (Arbeitspartei – Ein Israel) bei vorgezogenen Wahlen und übernimmt die Regierung. Wiederaufnahme der Verhandlungen mit Syrien und den Palästinensern.

2000
Israel verläßt die libanesische Sicherheitszone. Erstmals ernsthafte Verhandlungen über den Endstatus in Camp David: Die Grenzen von Palästina werden debattiert, die Rechte der Flüchtlinge, die Zukunft der Siedlungen und der Status von Jerusalem als Hauptstadt beider Nationen. Diese Verhandlungen lösen in Israel eine Regierungskrise aus. Arafat besteht auf Ausrufung des Staates »Palästina« im Milleniumsjahr.

Literatur

Das Gelobte, Heilige und Selige Land

Adler, Florian / Bremer, Jörg: Israel – Land der Verheißungen und der gebrochenen Versprechen, Karlsruhe 1997.

Bahat, Dan: The Illustrated Atlas of Jerusalem, Maps by Carta, Jerusalem 1989/90.

Die Bibel, nach der Lutherübersetzung mit Apokryphen, Württembergische Bibelanstalt, Stuttgart o. J.

Bieberstein, Klaus / Bloedhorn, Hanswulf: Jerusalem – Grundzüge der Baugeschichte vom Chalkolithikum bis zur Frühzeit der osmanischen Herrschaft, Wiesbaden 1994.

Bremer, Jörg: Kein Platz für Christi Stellvertreter – Noch ein Jerusalem-Pilger auf dem Weg zu Gott, in: Beilage der Frankfurter Allgemeinen Zeitung, 18. März 2000.

Bremer, Jörg/Geppert, Karl-Heinz: Israel – Wo Zeit und Ewigkeit sich treffen, Perspektiven aus Bibel und Zeitung (VLM-Bücher), Lahr 1998.

Budde, Hendrik / Nachama, Andreas (Hrsg.): Die Reise nach Jerusalem, Jüdische Gemeinde zu Berlin, Berlin 1995.

Dalrymple, William: From the Holy Mountain – A Journey in the Shadow of Byzantium, London 1998.

Fleckenstein, Karl-Heinz: Traumreise durch das Land der Bibel – Mehr als Steine und Geschichte, Lahr 1997.

Gockerell, Nina / Neumeister, Werner: Ostern in Jerusalem – Karwoche und Auferstehungsfeiern, Regensburg 1987.

Gorys, Erhard: Das Heilige Land, Köln 1984.

Kollek, Teddy / Eisner, Shulamit: Jerusalem – Der Bürgermeister führt durch seine Stadt, Frankfurt a. M. 1990.

Der Koran, übers. und komm. von Rudi Paret, Stuttgart 1996 (7. Auflage).

Das Neue Testament, übers. und komm. von Ulrich Wilckens, Hamburg 1970.

Pannenberg, Wolfhart: Das Christentum – Eine Religion unter anderen?, in: Theologische Schriftenreihe des Johanniterordens, Bonn 1996, Heft 1.

Werblowsky, Zwi: The Meaning of Jerusalem to Jews, Christians and Muslims, Israel Information Center, Jerusalem 1995.

Wilkinson, John: Jerusalem Pilgrims – Before the Crusades, Jerusalem 1977.

Yeor, Bat: The Decline of Eastern Christianity under Islam – From Jihad to Dhimmitude, 7th to 20th Century, London 1996.

Erste Zeiten

Bar Yosef, Ofer / Tschernov, E.: On the Palaeo-Ecological History of the Site 'Ubeidiya, Israel Acad. Sc. Hum., Jerusalem 1972.

Finkelstein, Israel / Naaman, Nadav (Hrsg.): From Nomadism to Monarchy, Jerusalem 1994; darin bes. Amichai Mazar: Jerusalem and its Vicinity in Iron Age I; Israel Finkelstein: The »Conquest of Canaan« in the Book of Joshua and in History; Itamar Singer: Egyptians, Canaanites, and Philistines in the Period of the Emergence of Israel.

Knauf, Ernst Axel: Die Umwelt des Alten Testaments, Neuer Stuttgarter Kommentar, Stuttgart 1994.

Koenigswald, W. von u.a.: Revision einiger alt- und mittelpleistozänen Arvicoliden aus dem östlichen Mittelmeergebiet, in: Neues Jahrbuch. Geologische Paläontologische Abhandlung 184, 1991.

Shiloh, Dina / Rhodes, Tom: Found. Man's first Steps out of Africa, in: The Sunday Times, 26. September 1999.

Tschernov, E.: The Age of 'Ubeidiya Formation, an early Pleistocene Site in the Jordan Valley, Israel: Israel Journal of Earth-Sciences 36, 1987.

Von Moses zu Saul. Der israelitische Orient

Donner, Herbert: Geschichte des Volkes Israel und seiner Nachbarn in Grundzügen, Göttingen 1995, 2 Bde.

Fritz, Volkmar: Der Beitrag der Archäologie zur historischen Topographie Palästinas am Beispiel von Ziklag, in: Zeitschrift des deutschen Palästina-Vereins 106, 1990, S. 78–85; Fritz weist nach, daß der Tell es-Seba wahrscheinlich mit dem biblischen Ziklag, dem Wohnsitz Davids in seiner Frühzeit, gleichzusetzen ist und daß Tell es-Seba eben nicht das biblische Beerschewa war, das wahrscheinlich unter dem modernen Beerschewa liegt, falls das biblische Beerschewa nicht überhaupt nur ein Hirtentreffpunkt am Patriarchen-Brunnen war.

Fritz, Volkmar: Die Entstehung Israels im 12. und 11. Jahrhundert v. Chr., Stuttgart 1996.

Knauf, Ernst Axel: Die Umwelt des Alten Testaments, Neuer Stuttgarter Kommentar, Stuttgart 1994.

Knauf, Ernst Axel: Le Roi est mort, Vive le Roi! – A Biblical Argument for the Historicity of Salomon, in: Handy, Lowell (Hrsg.): The Age of Salomon, Leiden 1997.

Knauf, Ernst Axel: Jerusalem in the 10th Century, in: Eak, Understanding the 10th Century. An Essay in the Proto-History of Israel. JSOT.Sup, 2000.

Na'aman, Nadav: The Historical Background to the Conquest of Samaria (720 v. Chr.), in: Biblica 71, 1990, S. 206–225; er plädiert dafür, daß die übliche Jahresangabe 722 v. Chr. für den Untergang Samarias und des Nordreiches Israel nicht stimmt, sondern 720 v. Chr. wahrscheinlicher ist.

Rupprecht, Konrad: Der Tempel von Jerusalem. Gründung Salomos oder jebusitisches Erbe?, Berlin / New York 1977 (Beiheft der Zeitschrift für die alttestamentliche Wissenschaft 144).

Smend, Rudolf: Die Entstehung des Alten Testaments, Stuttgart 1981.

Talmon, Shemaryahu: Die Bedeutung Jerusalems in der Bibel, in: Eckert, W. P. u.a. (Hrsg.): Jüdisches Volk – Gelobtes Land, München 1970.

Tubb, Jonathan: Canaanites in Peoples of the Past, London 1998.

Weippert, Helga: Palästina in vorhellenistischer Zeit, München 1988 (Handbuch der Archäologie, Vorderasien, Bd. 2.1).

Zimmerli, Walther: Grundriß der alttestamentlichen Theologie, Stuttgart 1978.

Davids Jerusalem. Von den Assyrern zu den Römern

Andrews, Richard: Tempel der Verheißung – Das Geheimnis des heiligen Berges von Jerusalem, Bergisch-Gladbach 1999.

Bremer, Jörg: Die Diesseitigen und die Jenseitigen – Israels Mythen im Widerstreit: Masada und der Sechs-Tage-Krieg, Beilage

der Frankfurter Allgemeinen Zeitung, 5. Juli 1997.
Cobet, Justus: Masada – Mythos, Archäologie und Geschichte, in: Babylon, Beiträge zur jüdischen Gegenwart, Heft 10–11, 1992.
Josephus, Flavius: Geschichte des Jüdischen Kriegs, Darmstadt 1989.
Knauf, Ernst Axel: Audiatur et altera pars – Zur Logik der Pentateuch-Redaktion, in: Bibel und Kirche, 3. Quartal 3/1998.
Mazar, Benjamin: Der Berg des Herrn. Neue Ausgrabungen in Jerusalem, Bergisch-Gladbach 1979.
Metzger, Martin: Himmlisches Jerusalem und Tempelarchitektur. Ein Beitrag zum Verständnis von Apokalypse 21, 16f., in: Brand, E. (Hrsg.): Dienst am Evangelium. Festschrift für Wiard Popkes.
Yadin, Yigal: Masada – Der letzte Kampf um die Festung des Herodes, Hamburg 1967.

Das Christentum. Von der Sekte zur Herrschaft

Bagatti, B.: The Church from the Circumcision. History and Archaeology of the Judaeo-Christians, Jerusalem 1971.
Baumstark, Anton: Grundgegensätze morgenländischen und abendländischen Christentums, Manuskript-Druck, Rheine 1932.
Berger, Klaus: Qumran und Jesus – Wahrheit unter Verschluß?, Stuttgart 1993.
Biddle, Martin: Das Grab Christi. Quellen und Forschungen, Gießen 1998.
Bremer, Jörg: Himmel auf Erden – Mar Saba in Judäa, in: Beilage der Frankfurter Allgemeinen Zeitung, 3. April 1999.
Bremer, Jörg: Eine Ikone göttlicher Gegenwart – Das Katharinen-Kloster in der Sinai-Wüste, Beilage der Frankfurter Allgemeinen Zeitung, 11. März 2000.
Chitty, Derwas: The Desert. A City, New York 1995.
Falkenhausen, Vera von: Die Rolle der Wallfahrt nach Jerusalem im Leben der byzantinischen Mönche, in: Gemeindebrief der Evangelischen Gemeinde der Erlöserkirche zu Jerusalem, März/April 2000.
Heldt, Petra: Literal and Allegorical Interpretation in the Second Century – Message Moulds Method, in: Cahiers Ratisbonne 9, 2000.
Hennigs, R.: Rabbinisches und Antijüdisches bei Hieronymus Ep. 121,10, in: Oort, J./van Wickert, U. (Hrsg.): Christliche Exegese zwischen Nicäa und Chalcedon, Kampen 1992.
Heyer, Friedrich: Kirchengeschichte des Heiligen Landes, Stuttgart 1984.
Kofsky, Arieh: Mamre. A Case of a Religious Cult?, in: Kofsky, Arieh/Stroumsa, Guy: Sharing the Sacred – Religious Contacts and Conflicts in the Holy Land, First – Fifteenth Centuries CE, Jerusalem 1998.
Kofsky, Arieh/Stroumsa, Guy: Sharing the Sacred – Religious Contacts and Conflicts in the Holy Land, First – Fifteenth Centuries CE, Jerusalem 1998.
Markschies, Christoph: Zwischen den Welten – Strukturen des antiken Christentums, Frankfurt a. M. 1997.
Markschies, Christoph: Stadt und Land – Beobachtungen zu Ausbreitung und Inkulturation des Christentums in Palästina, in: Cancik, Hubert/Rüpke, Jörg (Hrsg.): Römische Reichsreligion und Provinzialreligion, Tübingen 1997.
Patrich, Joseph: Sabas, Leader of Palestinian Monasticism. A Comparative Study, Dumbarton Oaks, Washington 1995.
Perrone, Lorenzo: Monasticism as a Factor of Religious Interaction in the Holy Land during the Byzantine Period, in: Kofsky, Arieh/Stroumsa, Guy: Sharing the Sacred – Religious Contacts and Conflicts in the Holy Land, First – Fifteenth Centuries CE, Jerusalem 1998.
Pritz, R. A.: Nazarene Jewish Christianity. From the End of the New Testament Period until its Disappearance in the Fourth Century, Jerusalem/Leiden 1988.
Roitman, Adolfo: A Day at Qumran – The Dead Sea Sect and its Scrolls, The Israel Museum, Jerusalem 1997.
Di Segni, Leah (Hrsg.): Cercare nel deserto. Vita di Caritone, Bose 1990.
Di Segni, Leah: Monk and Society – The Case of Palestine, Vortrag auf dem Symposium »The Sabaite Heritage«, Universität Haifa, Jerusalem 1998.
Thiede, Carsten Peter: Ein Fisch für den Römischen Kaiser – Juden, Griechen, Römer. Die Welt des Jesus Christus, München 1998.
Tsafir, Yoram (Hrsg.): Ancient Churches Revealed, Israel Exploration Society, Jerusalem 1993.
Testa, Emmanuel: The Faith of the Mother Church. An Essay on the Theology of the Judeo-Christians, Jerusalem 1992.
Theißen, Gerd: Soziologie der Jesusbewegung. Ein Beitrag zur Entstehungsgeschichte des Urchristentums, München 1977.
Thiede, Carsten Peter/d'Ancona, Matthew: The Quest for the True Cross, London 2000.
Thiede, Carsten Peter/d'Ancona, Matthew: Der Jesus-Papyrus. Die Entdeckung einer Evangelien-Handschrift aus der Zeit der Augenzeugen, München 1996.
Wilkensen, John: Jerusalem Pilgrims – Before the Crusades, Jerusalem 1977.
Wright, J. Robert: The Holy Sepulchre – The Church of the Resurrection – An Ecumenical Guide, Jerusalem 1998.

Der Islam übernimmt die Macht

Antiochos Strategos nach Coneybeare, F.: Account of the Sack of Jerusalem, in: English Historical Review, 25, 1910.
Azzam, Hamdy Mahmoud: Der Islam – Plädoyer eines Moslem, Stuttgart 1981.
Bouman, Johan: Der Koran und die Juden – Die Geschichte einer Tragödie, Darmstadt 1990.
Creswell, K. A. C.: The Origin of the Plan of the Dome of the Rock, London 1924.
Ess, Josef van: Abd al-Malik and the Dome of the Rock. An Analysis of some Texts, in: Raby and Johns (Hrsg.): Bayt al-Maqdis, Oxford 1992.
Griffith, Sidney: Christians, Muslims, and Neo-Martyrs. Saints Lives and Holy Land History, in: Kofsky, Arieh/Stroumsa, Guy: Sharing the Sacred – Religious Contacts and Conflicts in the Holy Land, First – Fifteenth Centuries CE, Jerusalem 1998.
Neuwirth, Angelika: The Spiritual Meaning of Jerusalem in Islam, in: Rosovsky, Nitza (Hrsg.): City of the Great King – Jerusalem from David to the Present, Cambridge 1996.
Rubin, Milka: Arabization versus Islamization in the Palestinian Melkite Community during the Early Muslim Period, in: Kofsky, Arieh/Stroumsa, Guy: Sharing the Sacred – Religious Contacts and Conflicts in the Holy Land, First – Fifteenth Centuries CE, Jerusalem 1998.
Schimmel, Annemarie: Mystical Dimensions of Islam, Chapel Hill 1975.

Nicht nur Franken und Tyrannen

Barber, Malcolm: The New Knighthood. A History of the Order of the Temple, Cambridge 1994.
Bradford, Ernle: Johanniter und Malteser – Die Geschichte des Ritterordens, München 1972.
Cicurov, Igor: Die Pilgerfahrt von Abt Daniel von Russland nach Jerusalem, Vortrag in Notre Dame, Jerusalem, 2. September 1999.

Demurger, A.: Die Templer. Aufstieg und Untergang 1120–1314, München 1994.
Elm, Kaspar: Jerusalem in exilio – Das Fortleben der lateinischen Kirche von Jerusalem nach dem Fall Akkons 1291, Vortrag Notre Dame, Jerusalem, 5. September 1999; zum Fortleben der Kreuzfahrerstrukturen auch im November 1995 eine Tagung in Zaragossa; dort z. B. Nikolaus v. d. Decken: Die Kanoniker vom Heiligen Grab in England, in: Centro de Estudios de la Orden del Santo Sepulcro.
Fleckenstein, Josef / Hellmann, Manfred (Hrsg.): Die geistlichen Ritterorden Europas, Sigmaringen 1980.
Karmon, Yehuda: Die Johanniter und Malteser – Ritter und Samariter. Die Wandlungen des Ordens vom heiligen Johannes, München 1987.
Kedar, Benjamin Z.: Latins and Oriental Christians in the Frankish Levant, in: Kofsky, Arieh / Stroumsa, Guy: Sharing the Sacred – Religious Contacts and Conflicts in the Holy Land, First – Fifteenth Centuries CE, Jerusalem 1998.
Kühnel, Bianca: Crusader Art and the Holy Land, in: Rozenberg, Silvia (Hrsg.): Knights of the Holy Land – The Crusader Kingdom of Jerusalem, The Israel Museum, Jerusalem 1999.
Kühnel, Gustav: Crusader Monumental Painting and Mosaic, in: Rozenberg, Silvia (Hrsg.): Knights of the Holy Land – The Crusader Kingdom of Jerusalem, The Israel Museum, Jerusalem 1999.
Lindner, Amnon: The Liturgy of the Liberation of Jerusalem in Jerusalem and Abroad, Vortrag in Notre Dame, Jerusalem, 2. September 1999.
Marshall, C.: Warfare in the Latin East, 1192–1291, Cambridge 1992.
Pannenberg, Wolfhart: Die Kreuzzüge – Das Verhältnis eines heutigen Johanniters zum Ursprung seines Ordens, Vortrag an der evangelischen Akademie Tutzing, 1998.
Rödel, Walter: Der Ritterliche Orden St. Johannis vom Spital zu Jerusalem – Ein Abriß, Nieder-Weisel 1989.
Rozenberg, Silvia (Hrsg.): Knights of the Holy Land – The Crusader Kingdom of Jerusalem, The Israel Museum, Jerusalem 1999.
Runciman, Steven: A History of the Crusades, Cambridge 1954, 3 Bde.
Schwinges, Rainer: Jerusalem in der Kreuzzugshistoriographie des 12. Jahrhunderts, Vortrag in Notre Dame, Jerusalem, 3. September 1999.
Wienand, Adam (Hrsg.): Der Johanniter-Orden, der Malteser-Orden, der ritterliche Orden des hl. Johannes vom Spital zu Jerusalem, Köln 1988 (3. Auflage).

Von den Mamluken zur Neuzeit

HRH Bin Talal, El Hassan: Christianity in the Arab World, Royal Institute for Interfaith Studies – Jordan, Amman, London 1995.
Bremer, Jörg: Der Wüste ausgesetzt. Kaiserkirchen in Jerusalem, in: Magazin der Frankfurter Allgemeinen Zeitung, Weihnachten 1998.
Brosh, Naama: Biblical Stories in Islamic Painting, The Israel Museum, Jerusalem 1991.
Carmel, Alex: Der Orientmaler Gustav Bauernfeind 1848–1904, Stuttgart 1990.
Carmel, Alex: Die Siedlungen der württembergischen Templer in Palästina 1868–1918, Stuttgart 1997.
Carmel, Alex / Eisler, Ejal Jakob: Der Kaiser reist ins Heilige Land – Die Palästinareise Wilhelms II. 1898, Stuttgart 1999.
Ettinghausen, Richard/Grabar, Oleg: The Art and Architecture of Islam 650–1250, Harmondsworth, Middlesex 1987 (The Pelican History of Arts).
Goren, Haim: The German Contribution to the Study of 19th Century Palestine (1766–1877), Dissertation, Hebräische Universität 1992 (in deutscher Übersetzung 2000).
Hourani, Albert: Die Geschichte der arabischen Völker, Frankfurt a. M. 1996.
Lückhoff, Martin: Anglikaner und Protestanten im Heiligen Land – Das gemeinsame Bistum (1841–1886), Wiesbaden 1998.
Pacine, Andrea (Hrsg.): Christian Communities in the Arab Middle East, Oxford 1998.
Schütz, Christiane: Preußen in Jerusalem (1800–1861), Berlin 1988.
Thoraval, Yves: Lexikon der Islamischen Kultur, Darmstadt 1999.
Vester, Bertha Spatford: Our Jerusalem – An American Family in the Holy City, 1881–1949, The American Colony, Jerusalem 1988.

Register

Bildnachweis

Dinu Mendrea
82/83, 84, 85 oben, 85 unten, 87, 88, 90, 91 oben, 91 unten, 92, 93, 95, 97, 98, 99, 100, 101 oben, 101 unten, 102/103, 105, 106, 107 unten rechts, 108, 109 oben, 109 unten, 111, 113 links, 113 rechts, 114, 115, 116, 117 links, 117 rechts, 119, 120, 121, 122, 124, 125, 128 oben, 128 unten, 129, 131 oben, 131 unten, 134, 135, 145, 146, 147, 148/149, 151, 154, 155, 163, 168, 169, 170, 171, 175, 176, 179, 180, 181, 184, 185, 186, 187, 188, 189, 190, 196, 197, 198, 201, 203, 204/205, 206/207, 212, 213 oben, 217 oben, 217 unten, 218, 219, 220, 221, 222, 223 oben, 223 unten, 224

Sandu Mendrea
Umschlagvorderseite, Umschlagrückseite, 86, 89, 107 oben links, 110, 118, 123, 132/133, 136, 137, 138, 139, 140, 141, 142, 143, 144, 150, 156/157, 158, 159, 160, 161 oben, 161 unten, 162, 166, 172, 173, 174, 178, 182/183, 192, 193, 194/195, 195, 214/215

Radu Mendrea
94, 96, 104, 107 oben rechts, 107 unten links, 112 oben, 112 unten, 126/127, 130, 152, 153, 164/165, 167, 177, 191 oben, 191 unten, 199, 200, 202, 208, 209 oben, 209 unten, 210, 211, 213 unten, 216

Die Bilder von Seite 212 und 223 unten entstanden dank der freundlichen Unterstützung von Jerusalem Wings Aviation and Tourism Services Ltd.

Die Bilder von Seite 222 und 223 oben entstanden dank der freundlichen Unterstützung von Sefi Hanegbi, Camel Riders – Jerusalem.

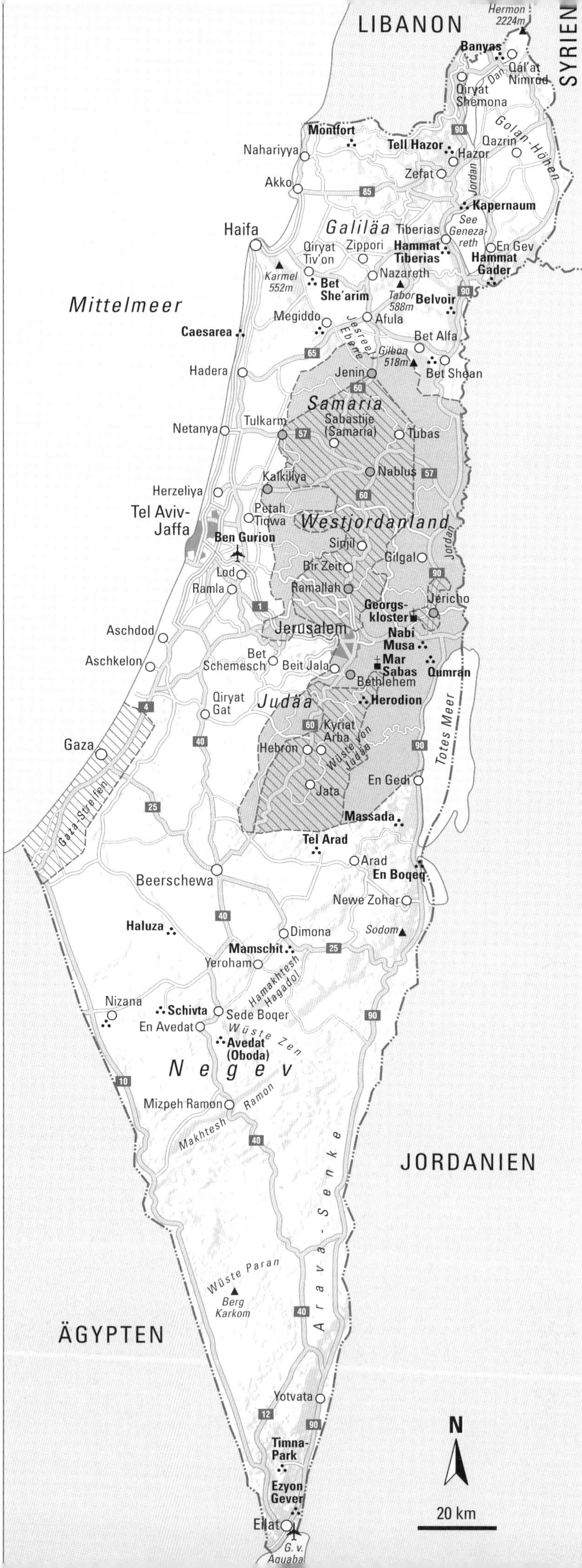
LIBANON
SYRIEN
Hermon 2224m
Banyas
Qal'at Nimrud
Dan
Qiryat Shemona
Golan-Höhen
Qazrin
Montfort
Tell Hazor
Hazor
Nahariyya
Zefat
Jordan
Akko
85
Kapernaum
See Genezareth
Haifa
Galiläa
Tiberias
Qiryat Tiv'on
Zippori
Hammat Tiberias
En Gev
Hammat Gader
Karmel 552m
Bet She'arim
Nazareth
Tabor 588m
Belvoir
90
Mittelmeer
Megiddo
Afula
Jesreel-Ebene
Caesarea
Bet Alfa
Gilboa 518m
65
Bet Shean
Hadera
Jenin
60
Samaria
Sabastije (Samaria)
Tulkarm
Netanya
57
Tubas
Nablus
Kalkiliya
Herzeliya
Petah Tiqwa
Tel Aviv-Jaffa
Westjordanland
Ben Gurion
Sinjil
Bir Zeit
Gilgal
Lod
Ramla
Ramallah
1
Georgs-kloster
Jericho
Jerusalem
Aschdod
Nabi Musa
Bet Schemesch
Beit Jala
Mar Sabas
Aschkelon
Bethlehem
Qumran
Qiryat Gat
Judäa
Herodion
4
Totes Meer
Kyriat Arba
40
Gaza
Hebron
Wüste von Judäa
Jata
En Gedi
Gaza-Streifen
25
Massada
Tel Arad
Arad
En Boqeq
Beerschewa
Newe Zohar
Haluza
Dimona
Sodom
Mamschit
Yeroham
Hamakhtesh Hagadol
Nizana
Schivta
Sede Boqer
En Avedat
Avedat (Oboda)
Wüste Zen
Negev
10
Mizpeh Ramon
Makhtesh Ramon
JORDANIEN
Arava-Senke
Wüste Paran
Berg Karkom
ÄGYPTEN
Yotvata
12
Timna-Park
Ezyon Gever
Eilat
G. v. Aqaba
N
20 km

ΗΑΓΙΑΠΟΛΙCΙЄΡΟΥCΑ
ΚΛΗΡ
ΤΟЄΝΝΑ